Collection **marabout service**

W0286214

Afin de vous informer de toutes ses publications, **marabout** édite des catalogues où sont annoncés, régulièrement, les nombreux ouvrages qui vous intéressent. Vous pouvez les obtenir gracieusement auprès de votre libraire habituel.

Docteur Roger MOATTI
Guy DELUCHEY

Le guide marabout des plantes-médicaments

marabout

Sommaire

En guise d'introduction Une nouvelle race de médicaments...

Une médecine vieille comme le monde ou une nouvelle race de médicaments? En lisant, çà et là, tout ce qui peut être écrit sur la phytothérapie — l'art de soigner par les plantes — on se demande parfois si la médecine, soudain, ne fait pas un singulier pas en arrière. « La phytothérapie, s'insurgent alors ses défenseurs et ses propagateurs pour vaincre le scepticisme qu'ils rencontrent parfois ou, au contraire, ne pas donner l'impression qu'ils tombent dans le snobisme écologique, la phytothérapie, mais c'est une thérapeutique qui remonte à la nuit des temps... ».

Il faut le reconnaître, ces avocats passionnés de la médecine par les plantes n'ont pas tort de rappeler pareille antériorité qui constitue, en l'occurrence, une bien sérieuse référence. On ne comprend pas vraiment la phytothérapie sans un peu d'historique — et nous commencerons, nous aussi, par remonter très loin dans l'origine de la terre pour montrer combien nos ancêtres possédaient une riche pharmacopée végétale (« Les plantes de la vie » disait-on en Grèce) qui leur permettait d'utiliser le Lierre pour soulager les lourdeurs des jambes, la Pimprenelle dans le traitement des calculs urinaires ou le Colchique pour guérir la goutte.

Mais ce guide, empressons-nous de le préciser d'emblée, n'a surtout pas l'intention de s'attarder sur la médecine des anciens, même si celle-ci, nous devons en convenir avec reconnaissance, a permis aux scientifiques d'aboutir à cette phytothérapie qui nous préoccupe ici. Bien au contraire, le principal objet de cet ouvrage sera de montrer que ces plantes qui évoquent encore trop souvent des « remèdes de grand-mères » constituent de nos jours une forme de thérapeutique résolument moderne qui prend volontiers l'aspect de petites gélules ressemblant d'ailleurs étrangement à celles d'antibiotiques. Et tant pis si nous dépoétisons la chose ! C'est volontairement, parce que cela reflète la réalité contemporaine, que nous avons choisi d'intituler ce livre « Le Guide Marabout des Plantes-médicaments ». Parce que, ressuscitée de la terre, la médecine verte n'est plus seulement une mode. Parce que le temps des herboristes est hélas révolu — aux yeux de la législation française tout au moins — parce que nous ne sommes plus à l'époque des tisanes, même si celles-ci, on le verra, interviennent toujours comme d'excellents traitements d'appoint..

Voici donc un livre qui n'entend pas revenir aux préparations d'autrefois mais qui veut redécouvrir la thérapeutique des fleurs, des herbes et des légumes à travers les formes galéniques nouvelles, mises au point par ces laboratoires de l'an 2000 qui ont su dompter et conditionner les vertus des plantes médicinales pour en faire de véritables médicaments. Semée par nos ancêtres depuis la nuit des temps, la phytothérapie — du grec phytos : plante et terapeia : traitement — trouve aujourd'hui sa place dans le jardin scientifique de la médecine contemporaine...

Le 1er suppositoire 3000 ans avant Jésus-Christ

Un peu d'histoire, donc, avant de revenir, très vite, à l'an 2000. Aussi loin que l'on fouille dans la nuit des temps, on trouve des preuves que l'homme utilisait les plantes pour se soigner. Il n'avait d'ailleurs pas le choix puisqu'il n'avait pas encore, loin s'en faut, inventé le médicament moderne et qu'il ne disposait pas d'autre thérapeutique que celle de la nature !

Un peu d'histoire ? Il faudrait peut-être dire préhistoire. Car si on ne possède évidemment pas la preuve irréfutable qu'autour des cavernes la femme préhistorique se servait de certaines plantes pour soulager l'écorchure ou la piqûre d'insecte de son enfant, on peut au moins le supposer fortement. En tout cas, la première trace tangible de ce que l'homme a possédé, très tôt, une importante pharmacopée végétale, nous apparaît sous la forme de tablettes d'argiles, gravées de signes cunéiformes, qui remontent, s'il vous plaît, à 5000 ans avant notre ère ! On y apprend notamment que le Safran, la Jusquiame, le Myrte, la Cigüe ou l'Hellébore noir, filtrés et absorbés après décoction, étaient abondamment consommés.

Rapidement, d'ailleurs, l'homme fait des progrès et ne se contente plus de faire macérer avant de boire. Sur certaines tablettes cuneïformes — celles de Gilgamesh plus précisément — on apprend que les Chaldéens avaient inventé le premier suppositoire végétal ! Nous sommes alors vers 3000 ans avant Jésus-Christ. Déjà, on a tout lieu de supposer que les médecins de l'Orient et du bassin Méditerranéen disposent d'un arsenal d'environ 250 plantes pour soigner leurs patients. Ne parlons pas de la Chine, où les épices, dès les époques les plus reculées, étaient utilisées aussi à des fins thérapeutiques, ni des Indiens de l'ère précolombienne qui découvrirent rapidement les vertus de la quinine, ni des Indes ni de la Perse où le livre sacré Avesta nous rapporte que l'on conférait aux plantes aromatiques et aux essences un pouvoir à la fois sacré et médicinal.

Restons, plus près de chez nous, en Egypte par exemple, où le papyrus Ebers, qui date de plus 1500 avant Jésus-Christ, traite des fameuses « Plantes de Vie ». A cette époque, les Egyptiens ne se contentent pas de savoir infuser, macérer et de préparer des décoctions. Ils savent aussi distiller, préparer des pommades, fabriquer des ovules et même — probablement pour avoir observé l'ibis, oiseau du Nil qui se fait des lavements avec son bec — administrer des clystères à base de Ricin ou de Sycomore utilisés comme évacuants par exemple. Les compagnes de Pharaons font d'ailleurs grande consommation de plantes pour conserver et augmenter leurs charmes et le produit cosmétique de l'époque s'appelle «kyphi», une préparation très en vogue à base de nombreuses herbes et de fleurs. L'Oignon, on s'en souvient peut-être, est littéralement vénéré; tandis que tous les matins, on distribue aux ouvriers qui bâtissent les pyramides une gousse d'Ail qui doit leur éviter de tomber malades; l'Absinthe et la Muscade, utilisés comme stimulants, ne leur étant probablement pas mesurés non plus! Bref, les Egyptiens possédaient parfaitement les mille et une vertus des plantes, du Genévrier diurétique au Pavot sédatif en passant par la Coriandre digestive. Et, si besoin était, une dernière preuve viendrait confirmer leur parfaite connaissance des vertus médicinales des végétaux avec la conservation des momies qui supposait tout de même l'utilisation de bactéricides et d'antiseptiques naturels bigrement efficaces...

La «théorie des signatures» et «le jardin des simples»

Plus près de nous — géographiquement et dans le temps — nous n'avons également aucun mal à retrouver dans l'histoire la preuve que les Gaulois, les Romains et les Grecs se servaient abondamment des plantes pour se soigner.

On se souvient évidemment des druides de la Gaule ancienne dont les épouses, les éraulnes étaient sages-femmes et infirmières, et connaissaient les nombreuses vertus des herbes et des fleurs, à commencer par le Gui qu'elles préconisaient notamment — par voie buccale — pour diminuer la sensibilité au froid!

Les Romains, eux aussi, pratiquaient abondamment la médecine verte, ô combien, puisque Néron commanda à son médecin Andromaque de lui concocter un remède miracle à base de plantes qui lui conférerait l'invicibilité. Néron ne fut jamais invulnérable, mais Andromaque avait déjà émis l'idée qu'en faisant absorber à l'organisme de faibles quantités de poison, celui-ci devait finir par s'habituer, principe de l'immunisation médicale qui, au fil des siècles, fit joliment école, on en conviendra.

Quant aux Grecs, on ne peut pas, à leur sujet ne pas évoquer le célèbre Dioscoride qui, en 146 avant Jésus-Christ, rédige une liste, surprenante pour l'époque, de 500 plantes médicinales avec bien entendu, toutes leurs propriétés ! Les Romains et les Arabes, entre autres, s'en serviront abondamment à leur profit, et en 1499, à Venise — 16 siècles plus tard ! — un nommé Jean Ruel le traduit en latin sous le titre « De Materia Medica », qui devient alors l'ouvrage de références de l'enseignement médical et pharmaceutique en Europe !

Nous voici, du même coup, transportés dans ce Moyen Age qui fut l'époque de la « Théorie des signatures ». On croyait qu'il existait une analogie entre la forme d'une plante, d'un fruit, d'une fleur et celle de l'organe que ceux-ci étaient censés guérir. L'époque aussi des épiciers-apothicaires et des baumes d'alchimistes, du « Jardin des simples » créé à Paris en 1580 où la Faculté de Médecine ne devait cesser dès lors de cultiver ses connaissances médicales ; l'époque encore du célèbre Ambroise Paré dont on se souvient qu'il utilisait l'Ail et l'Oignon dans le traitement de la peste...

Interrogez donc vos grands-parents...

Nouveau bond dans le temps, nous sommes dans l'après 1900. A cette époque, il faut s'en souvenir, on se soigne presque uniquement par les plantes mais de façon souvent très empirique, il faut le reconnaître.

Un homme va alors révolutionner la phytothérapie en lui donnant ses lettres de noblesse, en commençant à transformer une médecine approximative en science moderne et rigoureuse. Il s'appelle Henri Leclerc, docteur en médecine de son état et il va entreprendre de recenser toutes les plantes médicinales et, d'abord, d'éliminer celles, qui, pour avoir une bonne réputation, n'en sont pas moins douteuses sur le plan de l'efficacité. Parallèlement, il met à jour de nouvelles indications pour d'autres plantes, il multiplie les expérimentations et les observations cliniques, suivi en cela par d'autres médecins de grand renom, le professeur Léon Binet entre autres.

Bref, Henri Leclerc donne à la médecine par les plantes une base scientifique sérieuse et médicale à une époque où, il faut le repéter, elle constitue pratiquement la seule possibilité de se soigner.

Ayez la curiosité d'interroger à ce sujet vos grands-parents et même vos parents. Ils vous raconteront, sans trop devoir fouiller dans leurs mémoires, qu'avant la deuxième guerre mondiale, les officines des pharmaciens, et bien entendu les herboristeries, proposaient un grand nombre de spécialités à base de plantes qui, la plupart du temps, étaient d'ailleurs de leur cru personnel. Une ordonnance ne coûtait au demeurant pas le même prix dans toutes les pharmacies puisque chacun y concoctait sa propre préparation, ici une pastille pour la gorge à l'Eucalyptus, là un merveilleux suc de Cresson à mélanger à du bouillon froid pour combattre le catarrhe chronique, plus loin une tisane de queues de Cerises pour lutter contre l'obésité.

C'est l'époque où les spécialités phytothérapiques sont souvent «sponsorisées» par de grands journaux, quand elles ne leur appartiennent pas. C'est ainsi par exemple que «Paris-Soir» publiait de grands placards publicitaires en faveur de la «Jouvence de l'Abbé Soury», médicament qui existe d'ailleurs toujours et qui continue à faire merveille dans les cas de difficultés de circulation sanguine et de lourdeurs des jambes notamment.

L'ère de la phytothérapie moderne va s'ouvrir, elle est ouverte... Quand, soudain, se produit un événement considérable, tragique, qui va stopper son essor et plonger dans l'oubli le plus noir la médecine par les plantes pourtant vieille comme le monde. Cet événement, c'est la guerre 39-45. Une époque singulièrement troublée où, pour ceux qui ont eu la chance d'en réchapper, les organismes sont bien chancelants, les santés bien fragiles. Les épidémies, alors, sont nombreuses — souvenez-vous que l'on mourait de tuberculose — et la phytothérapie n'a pas encore vraiment mis au point toutes les formes galéniques nouvelles que nous passerons en revue dans les chapitres suivants et qui font d'elle, aujourd'hui, une médecine résolument contemporaine et efficace. Face à cette situation dramatique, face aux maladies contagieuses qui ne cessent de faire des victimes, il faut réagir vite et réagir fort.

La médecine moderne n'a que 40 ans...

L'homme, fort heureusement, est souvent plein de ressources. Et comme il s'agissait en l'occurrence d'enrayer des épidémies galopantes, de stopper des maladies contagieuses évidemment favorisées par des années de privations et des conditions sanitaires précaires, comme il s'agissait, en quelque sorte de purifier et de remettre à flot des milliers et des milliers d'organismes, les imaginations vont faire merveille, les cerveaux vont bouillonner dans un monde médical qui dispose alors, si l'on peut dire, d'un terrain «idéal». Et c'est l'éclatement, l'explosion, le feu d'artifice des médicaments de synthèse. Une ère tout simplement fantastique au cours de laquelle, émoustillés et aiguillonnés par ces millions de vie qu'il convient de réconforter et même de sauver, les savants, les pharmaciens, les médecins, les spécialistes des laboratoires pharmaceutiques, les biologistes, etc., font soudain des découvertes majeures qui seront autant de bains de jouvence pour les santés bien chancelantes de l'époque.

Ces découvertes s'appellent les sulfamides, les antibiotiques, les corticoïdes, les anti-inflammatoires, les diurétiques, les neuroleptiques, les tranquillisants, etc... Du jour au lendemain, presque par un coup de baguette magique, arrive alors en fanfare une formidable armée de molécules qui réplique de manière fulgurante au triste cortège des épidémies et des maladies contagieuses engendrées par la guerre. Etonnant retournement de situation : l'industrie pharmaceutique réalise des exploits et, soudain, fourbit des armes quasi-miraculeuses capables d'envoyer avec une extraordinaire efficacité les infections les plus graves, de s'opposer à la progression des plus virulents micro-organismes grâce à des bactéries et des champignons nommés pénicilline ou streptomycine, de soulager les douleurs les plus vives grâce aux corticoïdes, de calmer des organismes perturbés en leur procurant le sommeil réparateur, etc...

En même temps que la France se reconstruit et change de physionomie par la grâce des maisons rebâties, des usines rénovées, des villes restaurées, les corps et les visages retrouvent, eux aussi, une seconde jeunesse parce que la maladie recule, parce que l'homme guérit.

Et dans cette France qui renaît notamment au fil des boutiques et des magasins qui ressuscitent, il est certaines vitrines qui vont changer du tout au tout : ce sont celles des pharmaciens. Jusqu'ici, il faut bien se le représenter pour comprendre cette métamorphose soudaine, jusqu'ici, donc, les officines, comme on les appelait le plus souvent, ressemblaient à ces échoppes d'apothicaires que l'on voit sur nos vieilles gravures et à des herboristeries, nombreuses en ce temps-là. Mais, du jour au lendemain, balayés les bocaux d'herbes séchées, éliminées les tisanes à tout faire, relégués aux rayons de l'oubli les potions, onguents, pommades et préparations diverses que le pharmacien concoctait avec minutie à la demande du client. Un vent de modernisme souffle alors avec une puissance incroyable et met en place, bien alignés comme à la parade, tout un éventail nouveau de médicaments modernes, joliment conditionnés dans des petites boîtes et des tubes qui ne sont pas loin de ressembler à ceux que nous connaissons aujourd'hui.

Tout le monde, il faut le préciser, salue avec une grande satisfaction ce changement radical : le client, le consommateur, qui retrouve, grâce à l'efficacité de ces remèdes nouveaux venus, la santé et la joie de vivre — le tétanos est vaincu, la tuberculose terrassée, quelles formidables victoires! Le pharmacien, lui aussi, devient le plus heureux des hommes : il n'a plus besoin de mitonner des préparations souvent délicates, de diluer, de doser, de peser des herbes pour les mélanger puisque les laboratoires pharmaceutiques lui livrent désormais des remèdes tout prêts, et fort bien conditionnés qu'il n'a plus qu'à délivrer sans autre forme de procès après avoir lu l'ordonnance. S'étonnera-t-on, après cela, que la phytothérapie, la médecine par les plantes, et son cortège de tisanes et autres essences et huiles essentielles soient soudain reléguées au dernier plan?

Nous sommes alors dans les années 1945-1950 et la médecine moderne — qui au fond, n'a guère plus de quarante ans — connaît un essor prodigieux qui ne cesse, aujourd'hui, et Dieu merci, de se confirmer. Une médecine moderne et son fabuleux éventail de médicaments chimiothérapiques fort efficaces qui jettent dans le trou noir de l'oubli les préparations et les remèdes élaborés à partir des plantes qui constituaient, depuis la nuit des temps, la seule forme de thérapeutique pratiquement en usage en France et en Europe. La phytothérapie était bel et bien condamnée. Du moins le croyait-on...

Comme dans un feuilleton : les héros travaillaient dans l'ombre

Définitivement condamnée la phytothérapie ? Il est vrai qu'à partir de ce moment la médecine par les plantes est à ce point supplantée par la médecine chimiothérapique que les très rares médecins qui s'obstinent encore à prescrire des préparations magistrales à base de plantes sont considérés, non seulement comme d'aimables conservateurs, mais aussi et surtout comme des marginaux, des farfelus, des originaux rejetés par tous. En particulier par les pharmaciens qui ont d'ailleurs voué au rayon des antiquités le matériel dont ils se servaient jusqu'ici pour confectionner leurs minutieux remèdes phytothérapiques. Il est vrai aussi que de nouvelles lois vont avantager l'industrie pharmaceutique moderne et condamner à mort les herboristes (voir à ce sujet, page 181 notre chapitre «la fin des herboristes») qui ont aujourd'hui presque disparu.

Il est vrai encore qu'à cette époque dramatique de l'après-guerre, la phytothérapie seule aurait été bien incapable de faire face à la situation, en tout cas dans les cas les plus graves qui nécessitaient des interventions rapides.

Henri Leclerc est mort en 1955. Et si cet homme admirable, nous l'avons dit, avait su trier le bon grain de l'ivraie et sortir la phytothérapie de l'empirisme et des àpeu-près dans laquelle elle se complaisait depuis la naissance du monde, il n'avait pas eu le temps nécessaire d'amener la médecine par les plantes au degré de modernisme et d'efficacité qui est le sien aujourd'hui. Il n'avait pas eu le temps, mais il avait joliment ouvert la voie. Derrière lui, des hommes comme le Professeur Léon Binet, Doyen de la Faculté de Médecine de Paris durant dix-sept ans, mort en 1971, et le docteur Jean Valnet, vont poursuivre l'œuvre tracée par Henri Leclercq. Et, à force de prouver les vertus thérapeutiques des plantes, ils pousseront les laboratoires pharmaceutiques à produire des formes galéniques nouvelles que nous passerons en revue tout à l'heure. Comme dans les feuilletons à suspense, ces hommes-là ont su garder la tête froide et comprendre que la phytothérapie, contrairement à ce que beaucoup pensaient alors, n'était pas absolument condamnée. Mais pour l'amener à sortir de l'ombre dans une période où les médicaments chimiothérapiques occupent la vedette, il fallait la différencier résolument des infusions et des tisanes. Les vertus phytothérapiques ne pourraient s'exprimer au point de concurrencer les médicaments chimiothérapiques qu'à la condition première de prouver, sur le terrain, leur efficacité. C'est-à-dire que les nouvelles formes de présentation et de prescription devraient permettre aux principes actifs des plantes de s'extérioriser valablement et de soigner avec autant de puissance que les remèdes allopathiques que nous connaissons actuellement.

Autrement dit, les plantes devraient absolument, pour espérer s'imposer un jour, passer la vitesse supérieure et, de simples remèdes de complément absorbés notamment sous forme d'infusions, devenir de vrais médicaments qui allient à leurs qualités naturelles l'efficacité. En 1985, le rêve poursuivi par ceux qui n'ont jamais désespéré de parvenir à ce résultat est-il enfin réalisé ?

Guérir... des médicaments

Si la médecine par les plantes entame alors une longue traversée du désert — disons de 1945 à 1965 et même plus tard — les hommes qui n'ont jamais désespéré d'elle vont être servis par un phénomène qu'il n'avait d'ailleurs pas prévu : le phénomène des maladies iatrogènes, autrement dit des effets secondaires provoqués par l'absorption de certains médicaments chimiothérapiques. Depuis la fin de la guerre, on le sait, les circonstances ont amené la société à faire le pari du remède de synthèse dont la consommation, dès lors, va être poussée jusqu'aux limites du déraisonnable. On se met à absorber cachets, pilules et autres gouttes ou gélules dans des proportions réellement industrielles — au sens exact du terme — poussé en cela par des laboratoires, aux affaires florissantes, qui y ont évidemment tout intérêt.

Un seul exemple suffira à monter combien l'on atteint alors des chiffres considérables quand on saura qu'en France on ne vend pas moins de quatre milliards de comprimés d'aspirine chaque année ! Ajoutons, pour faire bonne mesure, que nous sommes arrivés à une consommation moyenne de 3,6 kg de médicaments par an et par individu !

Cette consommation démesurée, non seulement creuse le trou de la Sécurité Sociale qui commence d'ailleurs à se combler dans la mesure où, précisément — mais le mouvement ne fait que s'amorcer — nous commençons à redevenir plus raisonnables et à diminuer les quantités de médicaments absorbés, mais aussi, et surtout, elle provoque de nombreux effets secondaires souvent néfastes à la santé des Français. C'est ainsi que l'aspirine détient le record des hémorragies digestives, ce qui est tout de même cher payer pour une simple migraine ou une névralgie dentaire. Les antibiotiques, on ne le sait que trop, déterminent souvent des accidents allergiques, sanguins ou toxiques entre autres et, s'ils sont justifiés en cas d'infection ils ont souvent, ces dernières années, été prescrits avec une certaine légèreté. Les antiinflammatoires peuvent entraîner des complications digestives sévères. Et faut-il revenir sur ces observations dramatiques qui rendent certains tranquillisants responsables de malformations congénitales ; ou sur ces exemples, hélas ! assez fréquents et bien actuels de femmes désireuses de maigrir qui se sont vues prescrire des médicaments et qui en sont mortes le plus souvent par abus d'utilisation ?

Tirer ainsi la sonnette d'alarme n'est pas faire preuve de conservatisme, ni revenir en arrière comme accusent parfois certains, mais constater avec objectivité ce qu'un grand nombre de spécialistes du corps médical reconnaissent désormais.

A combien peut-on estimer le taux des maladies iatrogènes dont souffre actuellement la France ? Aucun calcul précis n'a été fait dans ce domaine, mais, pour s'appuyer sur une base de références, on sait qu'aux Etats-Unis, gros consommateurs de médicaments chimiothérapiques eux aussi, près de 20 % des malades hospitalisés le sont à cause des médicaments prescrits ! Dans ce pays, où l'on ne fait jamais les choses à moitié, on édite même la neuvième version du « Meyler's side effects of drugs » (l'Encyclopédie des effets secondaires des médicaments !), initiative qui pourrait bien être imitée en France un jour prochain, même si les laboratoires pharmaceutiques la verraient évidemment d'un très mauvais œil.

Quoi qu'il en soit, s'il n'a jamais été question de contester le bien-fondé et l'efficacité de la médecine classique et des médicaments allopathiques qui lui permettent de lutter contre la maladie, il faut bien reconnaître que l'abus des remèdes chimiothérapiques a provoqué dans les vingt dernières années des effets secondaires ou maladies iatrogènes que plus personne ou presque, y compris dans le corps médical, ne conteste aujourd'hui sérieusement. C'est sans doute l'une des raisons — il y en d'autres — qui provoque actuellement un engouement incontestable pour la phytothérapie.

Enchaînement logique en quelque sorte : après que des circonstances exceptionnelles et dramatiques — la guerre et les épidémies notamment — aient nécessité le recours à une médecine puissante et immédiatement efficace, La France, remise sur pieds et assainie, éprouve aujourd'hui le besoin de guérir... de ses médicaments et de se tourner vers des formes de médecine moins dangereuses qui sont censées, elles, ne faire courir aucun risque de réactions secondaires graves. Parmi ces médecines, la phytothérapie, l'art de soigner par les plantes.

Snobisme écologique ? Allons donc !

A ce stade de notre analyse, il est sans doute bon de prévenir les critiques des adversaires de la médecine par les plantes — il y en a encore beaucoup, même et surtout à l'intérieur du corps médical — qui considèrent à la fois la phytothérapie comme une vieille discipline dépassée et comme l'expression d'une nouvelle vogue écologique. Il est vrai que depuis une dizaine d'années, les cinq dernières particulièrement, on reparle énormément des médecines douces, l'homéopathie et la phytothérapie notamment — qu'il ne faut pas confondre comme nous le verrons à la fin de ce chapitre.

Dans les vitrines des pharmacies, le terme «plantes médicinales» refait son apparition en lettres lumineuses, vertes bien entendu. Les livres qui remettent au goût du jour les bonnes «vieilles tisanes d'autrefois» encombrent les étalages des libraires. Dans les gazettes se multiplient les articles saluant les vertus de la flore sauvage ou domestiquée et dans les grands magasins les rayons «herbes aromatiques et de santé» ne font que croître et embellir. La dernière vogue des offices de tourisme consiste même à organiser des safaris plantes médicinales et de stages d'herboristerie qui sont en passe de détrôner la peinture sur soie ou le tissage à l'ancienne.

Face à un tel engouement, qui n'est pas toujours très raisonnable et qui procède parfois, c'est exact, d'un certain snobisme écologique, la critique des détracteurs est d'autant plus facile que cette vogue, pour sympathique qu'elle soit, ne correspond absolument pas au caractère de médecine moderne qui est celui de la phytothérapie d'aujourd'hui. Mais balayons, à notre tour, la critique des critiqueurs. Parce que nous savons bien, nous — nous l'avons suffisament démontré dans le chapitre précédent — que si l'aspect retour à la nature, poésie des herbes employées par nos anciens, joue à plein dans l'attitude du grand public qui se tourne de plus en plus vers les formes de médecines dites «naturelles» ou «différentes», ce n'est pas seulement par snobisme écologique mais aussi et surtout parce qu'après vingt ans d'abus de médicaments chimiothérapiques les contre-indications ont provoqué des réactions en chaîne et des réticences certaines à la prescription médicale classique. Au point que les médecins eux-mêmes, aiguillonnés, impressionnés, par cette demande de la clientèle commencent parfois à élargir leur éventail et cherchent à ajouter à leur arc de généralistes des cordes appelées acupuncture, homéopathie et phytothérapie entre autres.

Homéopathie et phytothérapie : ne pas confondre

Homéopathie et phytothérapie : les deux mots ont été une nouvelle fois prononcés ici, profitons-en pour les différencier. Car si la chose peut apparaître évidente à certains, il est encore trop fréquent que beaucoup de gens confondent ces deux disciplines, qui peuvent, il est vrai, par certains côtés, avoir un air de famille.

L'homéopathie est cette discipline médicale qui consiste à soigner le patient à l'aide de petits granules tous semblables (en apparence, pas dans leur composition) eux-mêmes enfermés dans des tubes, ou des tubes-doses semblables d'où on les fait tomber délicatement sous la langue, sans les toucher. Mais il ne s'agit pas, naturellement, de n'importe quels petits granules. Ceux-ci sont fabriquées à partir d'éléments du règne animal, (*formica rufa*... fourmi rouge contre les polypes nasaux par exemple), du règne minéral (le cuivre contre le hoquet) ou végétal (l'*allium cépa*, l'oignon contre le rhume), ce dernier cas, très fréquent ne faisant d'ailleurs qu'intensifier la confusion avec la phytothérapie. Et ils sont fabriqués à partir de la loi énoncée par Hahnemann en 1776 — l'homéopathie en fait est très récente, elle n'a guère plus de deux cents ans — loi dite « des semblables » que l'on peut résumer ainsi : il s'agit de donner à un malade un produit à dose extrêmement faible pour faire disparaître certains troubles, ce même produit administré à dose forte, déclenchant au contraire chez le sujet sain les troubles en question (c'est ainsi que l'*ipéca*, plante rampante du Brésil, provoque à dose normale des vomissements chez un sujet sain alors qu'administrée à dose infinitésimale elle est employée en homéopathie pour faire cesser les vomissements !).

La phytothérapie, elle, est tout d'abord une discipline

beaucoup plus ancienne puisqu'elle remonte à la nuit des temps. Cette thérapeutique, qui consiste à soigner par les plantes et uniquement par elles, utilise des posologies classiques, exprimées en grammes ou en centigrammes comme dans la médecine classique et comme on aura largement l'occasion de le voir dans la deuxième partie de ce livre, consacrée précisément aux prescriptions-types du docteur Moatti. Enfin et surtout, différence énorme, la phytothérapie, ou plutôt les remèdes phytothérapiques ne se présentent pas sous forme de petits granules, mais parfois sous forme de pilules de taille classique (assez rarement au demeurant) et, le plus souvent sous des formes diverses : gouttes, poudres et extraits secs, extraits très concentrés, huiles, produits d'application externe à très fort pouvoir pénétrant, suspensions, gélules, etc. Des formes galéniques résolument modernes et évidemment toutes nouvelles qui vont faire précisément l'objet du (très important) chapitre suivant...

Nébulisats, suspensions, phytols...

Les plantes-médicaments de l'an 2000

Pour le grand public, la phytothérapie, c'est d'abord et avant tout... les plantes. Mais les plantes en leur état naturel, à la rigueur sous une forme desséchée, en tout cas le plus près possible de leur aspect d'origine. Il y a là, c'est évident et d'une certaine manière compréhensible, la volonté de rester fidèle, ou de revenir plus précisément à ce qu'a fait la nature, un certain besoin écologique d'utiliser ce que nous a légué le ciel depuis la nuit des temps, de le consommer, y compris pour guérir, « à l'état pur» en quelque sorte (la phytothérapie n'a-t-elle pas été souvent qualifiée de «médecine du Bon Dieu»?) D'où le succès des boutiques qui s'ouvrent çà et là, qui ne sont pas des herboristeries mais qui s'en rapprochent et qui proposent plantes en vrac, en bocaux et en sachets, sans être autorisées pour autant à faire de la prescription médicale (on ne pénètre pas dans ces magasins, qui sont parfois des rayons de super-marchés, avec une ordonnance en mains comme dans une pharmacie).

Tout cela est charmant, poétique, joliment écologique (encore que parfois dangereux, voir page 157 notre chapitre «Attention, plantes polluées...) et tout le monde, bien entendu, est sensible à l'attrait, et à l'odeur, de ces herbes, de ces fleurs, de ces feuilles fraîches ou séchées qui ont, il faut l'avouer, un parfum à la fois naturel et gentiment rétro. Mais la vraie phytothérapie, ce n'est absolument pas cela! Il faut oser le dire et l'écrire : **nous ne sommes plus au temps des tisanes.**

Elles existent, bien sûr, ces tisanes, et vous le savez fort bien, vous les rencontrerez dans ce livre, proposées en tant que traitements complémentaires et d'appoint. Mais, il faut le répèter : pour agréables et parfois thérapeutiquement intéressantes que soient les tisanes, elles ne peuvent prétendre, à elles seules, revendiquer l'efficacité qui doit être la principale qualité d'une médecine moderne.

Aujourd'hui, des techniques scientifiques contemporaines ont permis de mettre au point des médicaments qui, sous une forme pratique, savent dompter et reconstituer toutes les forces vives de la plante, c'est-à-dire restituer, dans un conditionnement analogue à celui des remèdes chimiothérapiques vendus de façon habituelle par les pharmaciens, les principes actifs des plantes. Qu'on ne s'étonne donc pas de voir nos bonnes vieilles tisanes, non pas rejetées (encore une fois elles font partie de l'ordonnance médicale du phytothérapeute) mais reléguées à la fin du chapitre suivant dans le passage intitulé « Méfiez-vous des océans d'eaux chaudes... ».

La phytothérapie de l'an 2000, c'est d'abord et avant tout : une série de procédés scientifiques que nous allons passer en revue.

Les extraits
Extirper de la plante ses forces vives

Dès lors que l'homme prit conscience de l'efficacité toute relative des tisanes modernes (nous verrons dans le chapitre qui leur est consacré page 31 qu'elles étaient infiniment plus efficaces au Moyen Age), il lui fallut bien trouver un autre procédé pour extirper de la plante ses forces vives, pour extraire ses vertus médicinales connues depuis la nuit des temps.

Extraire, c'est bien le mot : l'homme inventa d'abord les extraits de plantes qui sont toujours à la base de nombreux médicaments modernes. Le principe en est relativement simple puisqu'il s'agit, à l'origine, de mettre une plante ou une partie de plante en contact avec un liquide — de l'eau, de l'alcool, de l'éther, généralement — pour parvenir, après évaporation, à une substance fluide, molle, parfois sèche qui doit contenir les principes actifs que l'on cherche à retenir. Et cette substance végétale peut s'obtenir de plusieurs manières :

— *par macération :* la plante est laissée en contact, à froid, avec le solvant ;

— *par décoction :* la plante est laissée en contact avec le solvant à ébullition ;

— *par digestion :* la plante est laissée en contact avec le solvant à température inférieure à celle de l'ébullition ;

— *par infusion :* la plante est laissée en contact avec le

solvant porté à ébullition mais dont on arrête la source de chaleur dès les 100° obtenus;
— *par lixivation* enfin, qui consiste d'abord à réduire la plante en poudre (voir chapitre suivant) et à passer sur cette poudre un solvant froid ou chaud comme cela se fait pour le café, tout simplement.

A partir de ces différents procédés, et selon qu'on utilise au départ une plante fraîche ou une plante déshydratée, on obtient alors diverses préparations végétales qui sont :
— **les alcoolatures** (plantes fraîches macérant dans l'alcool à 95°, généralement 1 kg de plante pour 1 kg d'alcool). Exemple : alcoolature d'Anémone, de Citron, de Marron d'Inde, de Valériane, etc.;
— **les alcoolats** (macération puis distillation de la plante dans l'alcool). C'est ce que l'on appelait autrefois les esprits, les quintessences, les baumes. L'eau de Cologne est un alcoolat, tout simplement, ainsi par exemple que l'eau de Mélisse ou eau des Carmes;
— **les hydrolats** encore appelés eaux distillées. On part d'une plante fraîche ou sèche et l'on retient par distillation son ou ses principes volatils, ce qui les rend très odoriférants. L'eau de Lavande, l'eau de fleur d'Oranger, l'eau de Rose, sont des hydrolats;
— **les teintures** obtenues à partir de poudres végétales mises en contact avec de l'alcool ethylique titrée à 60, 70, 80 ou 90°. Préparées selon des normes scientifiques très précises, elles font l'objet d'un chapitre important de la pharmacopée française et sont au demeurant fort souvent employées par la médecine classique : teinture d'Arnica, d'Eucalyptus, de Gentiane, d'Hamamélis, etc...

En fait, ces préparations végétales qui peuvent parfois être utilisées à l'état brut entrent le plus souvent dans la composition de médicaments phytothérapiques plus élaborés comme des élixirs, des sirops, des pommades, des ovules, des suppositoires, des lotions, des liniments, etc. On peut citer par exemple un vieux remède, toujours en vente, comme «La jouvence de l'Abbé Soury», mais aussi des produits plus modernes comme la Neuroflorine par exemple.

Huiles essentielles
Ces odeurs qui guérissent

A ce chapitre consacré aux extraits, nous aurions sans doute fort bien pu ajouter les essences, plus connues sous le nom d'huiles essentielles, dans la mesure où il s'agit, là aussi, de produits que l'on retire des végétaux avec des procédés du même genre, la distillation entre autres. Mais ces huiles essentielles (HE en abrégé sur l'ordonnance du phytothérapeute), volatiles et aromatiques, revêtent aujourd'hui une telle importance dans la phytothérapie, dont elles constituent même une famille spécifique appelée aromathérapie, que nous avons préféré leur consacrer un chapitre particulier.

Comme son nom l'indique, l'aromathérapie utilise des espèces végétales, dites plantes aromatiques, dont la teneur en composés volatils leur confère une odeur et une saveur caractéristiques. Ces espèces ne sont pas seulement employées en cuisine ou en cosmétique mais aussi à des fins thérapeutiques. Les parties employées sont alors diverses et vont de la fleur (pétales de Roses par exemple) à la feuille (d'Eucalyptus entre autres), des graines (comme l'Anis), des écorces (comme le Citron), des fruits (comme le Persil), des baies (comme le Genévrier), voire du bois (comme le Santal).

Les huiles essentielles, dont les indications médicinales sont connues depuis des milliers d'années, sont en effet dotées de propriétés thérapeutiques indéniables, bactéricides notamment, grâce à leur richesse en phénols, en aldéhydes, en alcools, en éthers, en acides, etc. On sait en effet de longue date que le *Thym* possède des vertus antiseptiques, le *Romarin* des vertus stimulantes ou que le *clou de Girofle* peut faire office d'analgésique dentaire. On sait encore que la *Cannelle* est vermifuge, que le *Niaouli* est un antiseptique pulmonaire, que la *Menthe,* digestive en usage interne est aussi calmante en usage externe, que le *Santal* est un antiseptique urinaire.

Comme on pourra d'ailleurs le constater dans la deuxième partie de cet ouvrage, consacrée au champ d'action de la phytothérapie, le phytothérapeute utilise fréquemment les huiles essentielles par voie interne comme en voie externe, pour la rédaction de ses ordonnances. Dans le traitement de la **coqueluche,** il prescira par exemple des HE de Romarin, de Thym, d'Eucalyptus et de Sarriette ; dans le cas de **diarrhée,** il préconisera une gélule composée de HE de Cannelle, de Cajeput et de Coriandre ; dans les **leucorrhées,** ou **pertes blanches,** il conseillera une gélule de HE Genévrier-Romarin-Serpolet.

Médicaments modernes, très concentrés en principes actifs, les huiles essentielles ne doivent cependant pas être employées inconsidérément, sans avis médical. Il est en effet très facile d'acheter soi-même, dans une pharmacie, un de ces petits flacons sympathique, au nom souvent romantique puisqu'il évoque une plante parfois un peu oubliée, d'odeurs fort agréables de surcroît. Mais il faut aussi savoir que certaines huiles essentielles peuvent être très toxiques et donner lieu, après ingestion, à des accidents graves, celles d'Hysope et de Sauge par exemple. Aussi y a-t-il lieu de toujours consulter au préalable un spécialiste qui, seul, pourra décider de la posologie et de la forme du remède à préconiser. Il prescrira notamment les huiles essentielles, soit sous forme de dilutions soit sous forme de gélules de poudre, dites à délitement entérique (qui se disolvent dans l'intestin).

N'achetez donc ces charmants petits flacons que sur ordonnance... sauf si vous possédez **un diffuseur d'huiles essentielles,** objet que nous vous conseillons vivement d'acquérir en notre époque si polluée. Apparu récemment sur le marché et vendu entre 250 et 500 F, c'est une petite boîte carrée, renfermant un moteur électrique, surmontée d'une sorte de petite cornue de verre. Il suffit de le brancher pour qu'il vaporise alors dans l'atmosphère d'une pièce les essences dont on l'aura auparavant alimenté, huiles essentielles d'Orange, de Lavande, de Basilic, de Cyprès, etc... Et ces essences, finement nébulisées en goutelettes invisibles, ne répandent pas seulement des odeurs bien agréables dans votre appartement ou votre maison. Elles ont également un fort pouvoir bactéricide et antiseptique capable de lutter efficacement contre votre environnement pollué. Ne protestez pas : un appartement citadin peut par exemple contenir jusqu'à 20.000 germes microbiens au mètre cube et la campagne, aujourd'hui n'est pas toujours épargnée !

La tisane des temps modernes
Une gelule de plante en poudre

Extraits, teintures, huiles essentielles, on se doute bien que si l'homme a commencé, dans la nuit des temps, par employer la plante pour des usages médicaux de la manière la plus frustre — c'est-à-dire en la plongeant dans l'eau chaude ou froide, principe de l'infusion toujours plus ou moins en vigueur — il a fini, un beau jour, par subodorer que la tisane ne permettait pas forcément d'obtenir ce que les scientifiques appellent aujourd'hui «la partie intéressante de la plante» : celle qui, vraiment, contient les principes actifs qui vont guérir ou soulager. Et puisque la fameuse tisane ancestrale se concocte souvent à partir de feuilles ou de fleurs séchées, il eut l'idée de réduire la plante en poudre, ce qui résolvait du même coup les problèmes de stockage et d'encombrement. Il n'y a pas si longtemps, les sages-femmes qui aidaient aux accouchements à domicile se déplaçaient parfois avec un petit moulin leur permettant de préparer une poudre de seigle sur place. Plus scientifiquement, on utilisa des concasseurs, des broyeurs pour, après séchage à des températures plus ou moins élevées, obtenir la poudre la plus fine possible, la pulvériser, la tamiser, etc.

Mais, même lorsque ces opérations étaient conduites avec grand soin — en séchant à des températures différentes selon les plantes, en pulvérisant sans trop d'échauffement, ce qui a pour effet de déstabiliser les principes actifs, en séparant avec minutie la poudre réellement efficace de la fibre inutile, etc — on s'est aperçu rapidement que la poudre, si elle présentait des avantages de manipulation et de non-encombrement, ne constituait pas forcément la panacée. La nature ne se laisse pas dompter si facilement ! Revers à la médaille, la poudre, sous forme de pilules, avait souvent mauvais goût et l'on dut rapidement y renoncer sous cette présentation. On fit des cachets. Mais, dans la plupart des cas, ils étaient très sensibles à l'humidité et se détérioraient rapidement.

On songea alors — les antibiotiques avaient montré la voie — à mettre la poudre en gélules, ces capsules ovoïdes de gélatine qui présentent l'avantage de se dissoudre dans l'estomac du patient, lequel l'ingurgite ainsi très facilement, sans en ressentir l'éventuel mauvais goût. Cette forme de présentation, aujourd'hui largement utilisée, existe en pharmacie où vous trouverez un vaste éventail de gélules de *Taraxacum* (Pissenlit) pour combattre l'**insuffisance hépatique,** de *Valériane* destinée à vous **calmer les nerfs,** de *Ginseng* qui augmente la **résistance à la fatigue,** de *Prêle* capable de vous **fortifier les os,** etc, etc... Ici, nous devons cependant vous arrêter et vous renvoyer page 159, à notre chapitre « Automédication : danger ! ».

La poudre de plantes, on vient de le voir, constitue donc une forme moderne et efficace d'utilisation d'une thérapeutique vieille comme le monde. La poudre est d'autant plus efficace que conditionnée en gélule, elle est autrement plus concentrée en principes actifs et plus pratique qu'une tisane d'autrefois. Mais nous devons vous mettre en garde. Rien ne ressemble plus à une gélule qu'une autre gélule. Or, dans les pharmacies bien achalandées, outre des gélules d'antibiotiques qui n'ont évidemment rien à voir avec les plantes, vous trouverez des gélules de poudre de plantes et des gélules de nébulisat de plantes. Nébulisat, retenez bien ce mot, il fera l'objet du chapitre suivant. Ne pas confondre.

La gélule de poudre de plantes, sous la forme, donc, d'une petite capsule de gélatine, renferme *les* principes actifs de telle ou telle plante. Nous avons bien dit : les, le pluriel est ici très important. Chaque plante, en effet, possède généralement plusieurs indications thérapeutiques, plusieurs vertus médicinales si vous voulez. *L'Artichaut,* par exemple, peut combattre à la fois les **affections hépatobilaires** et la **constipation ;** *la Reine des Prés* peut être prescrite pour lutter contre **les rhumatismes** et contre **la cellulite ;** *le petit Houx* pourra faire tout à la fois office de **protecteur des vaisseaux sanguins** et de **diurétique,** etc, etc... Or la gélule de poudre de plantes contient tous les principes actifs de la plante en question, toutes ses vertus médicinales donc, sans faire de nuances. Tant mieux, allez-vous dire, qui peut le plus peut le moins, mieux vaut avoir trop de vertus médicinales dans une même capsule que pas du tout, puisque le médicament-plante, de toute manière, ne produit pas les néfastes effets secondaires des médicaments chimiothérapiques. D'accord. Mais enfin, il n'est peut-être pas nécessaire, si vous souffrez d'insomnie, de prendre de l'*Aubépine,* qui régularise certes le sommeil mais qui est plutôt destinée aux troubles du rythme cardiaque (consulté, le médecin phytothérapeute vous donnerait en fonction de votre cas précis, une autre plante sédative). Autre exemple : vous avez un petit diabète et vous avez ouï dire que la poudre d'Eucalyptus peut le régulariser. C'est parfaitement exact, mais vous ne ferez pas forcément une bonne affaire en courant acheter une capsule d'Eucalyptus chez le pharmacien. Cette plante a en effet d'autres vertus et en particulier c'est un bon antiseptique pulmonaire. Votre médecin vous prescrira plutôt une autre plante, plus appropriée à votre diabète, à moins que vous ne souffriez en même temps de troubles respiratoires.

Résumons-nous donc : la gélule de poudre de plantes, cet efficace médicament contemporain, est en somme une tisane de l'an 2000, bien plus concentrée qu'une tisane d'ailleurs, qui contient *tous* les principes actifs d'une même plante... et qui ressemble comme une goutte d'eau, à la gélule de nébulisat. Quelle est donc la différence ?

Le nébulisat
Plus fin, plus précis, plus concentré

On n'arrête pas le progrès. Et le progrès naît toujours, on le sait, des obstacles rencontrés. Or, quand il eut inventé la poudre de plante, l'homme, même après avoir mis cette poudre en gélule et l'avoir ainsi protégée de l'humidité se heurta à un inconvénient : même très concentrée, même très chargée en principes actifs, la poudre de plante demande tout de même que le patient en ingurgite une quantité assez importante pour que les effets s'en fassent réellement sentir. Et s'il est vrai que cette plante réduite en poussière et enfermée dans une petite capsule de gélatine ne produit pas d'effets secondaires à l'image de certains médicaments chimiothérapiques, il n'est pas toujours très agréable, pour le patient, de devoir en ingurgiter une dizaine par jour en certains cas — c'est la prescription classique, par exemple, pour un malade atteint de douleurs rhumatismales qui devra prendre de 8 à 10 gélules de poudre de Saule blanc.

Le problème, dès lors, se posait en termes apparemment fort simples : il fallait trouver une poudre encore plus fine, encore plus ténue, qui, sous un même volume, contienne d'avantage de principes actifs. Elémentaire mon cher Watson. Eh bien ! l'homme trouva. Non pas en partant de la poudre de plante, mais en agissant à partir d'un extrait liquide de plantes. Ce liquide, chargé des principes actifs que la plante aura au préalable abandonnés dans le solvant employé, ce liquide, donc, va être vaporisé par un atomiseur à l'intérieur d'une chambre de séchage parcourue par un courant d'air chaud. Le nuage ainsi projeté va alors être littéralement réduit en poudre, dessiccation qui va d'ailleurs être réalisée en une fraction de seconde, temps suffisant pour transformer de très fines gouttelettes d'extrait liquide de plante en une poudre extrêmement fine, singulièrement chargée de principes actifs, au point même que le nébulisat est plus concentré en substances à effets thérapeutiques que la plante qui a servi à sa fabrication ! On parvient alors, sous un très faible volume, celui d'une petite gélule contenant 250 mg de nébulisat à enfermer les principes actifs contenus dans une quantité de plantes 20 à 30 fois supérieure !

La miniaturisation, on le voit, n'a pas cours seulement

dans le domaine des transistors à la japonaise, mais aussi dans celui de la santé par les plantes !

Autre avantage du nébulisat : il permet de séparer les principes actifs, ne gardant par exemple de l'Eucalyptus que ses indications d'antiseptique pulmonaire alors que celui-ci peut aussi avoir une indication complémentaire dont on ne se souciera pas en l'occurrence (antidiabétique). Le phytothérapeute, dès lors, aura toutes les facultés d'associer différents nébulisats — et il ne s'en prive pas — afin d'obtenir un traitement complet. L'Artichaut pourra ainsi être associé au Pissenlit et à la Bourdaine dans certains troubles hépatiques, le petit Houx, ou Fragon, se mariera volontiers à la Vigne rouge et au Marron d'Inde dans la mesure où ces trois plantes possèdent en commun la faculté de traiter certains troubles de la circulation sanguine.

Résumons-nous donc afin de bien faire la différence entre la poudre de plante et le nébulisat de plante. La première, puisque moins micronisée, est, pour un même volume, moins concentrée en principes actifs, mais contient, dans une même gélule, tous les principes actifs d'une plante donnée. A l'inverse, le nébulisat est plus concentré en principes actifs mais ne contient qu'un seul des principes actifs d'une plante donnée, celui que l'on aura choisi d'isoler au stade du laboratoire pharmaceutique.

Pour autant, l'une et l'autre présente des avantages qui feront que l'on choisira la poudre, ou le nébulisat, en fonction des circonstances, selon la plante et l'effet recherché. Prenons l'exemple de l'Eucalyptus. Si le médecin phytothérapeute souhaite bénéficier de ses propriétés antiseptiques, il prescrira le nébulisat, qui a isolé cette indication. S'il veut traiter un sujet diabétique, il va recourir à la poudre, qui, bien que moins concentrée a conservé en l'occurrence ses vertus hypoglycémiantes (qui diminuent le taux de sucre dans le sang).

Les suspensions de plantes fraîches
Comme dans Hibernatus

On vient de le voir dans les chapitres précédents, c'est donc, dans la plupart des cas, à partir de plantes desséchées que les scientifiques de la phytothérapie contemporaine agissent pour réaliser ces médicaments-plantes des temps modernes que sont les poudres végétales et les nébulisats, entre autres. Mais on conçoit fort aisément — et les scientifiques en question ne songent point à le nier — qu'en séchant, une plante perd déjà une partie des principes actifs dont elle se prévalait en pleine fraîcheur. On sait par ailleurs que le séchage lui-même, le broyage, la dessiccation constituent des opérations délicates qui doivent être entreprises avec la plus grande minutie, d'où un risque certain de « déperdition » en quelque sorte, même si, nous l'avons vu, ces techniques sophistiquées sont aujourd'hui parfaitement maîtrisées.

D'où l'idée à inspiration hautement écologique — le naturel, c'est bien connu, revenant toujours au galop — d'où l'idée, donc, de mettre au point un procédé scientifique qui utilise directement la plante fraîche. Cette idée, elle est à mettre sur le compte d'un laboratoire qui a déjà fait ses preuves (n'hésitons pas à le citer, il s'agit du laboratoire Vaillant-Defresne) puisqu'il a inventé en son temps un médicament purement phytothérapique que nous connaissons tous sous le nom de « Jouvence de l'abbé Soury ». Et elle part du principe aujourd'hui largement répandu que le froid conserve en permettant le blocage des réactions chimiques enzymatiques qui provoquent habituellement la décomposition et le pourrissement. Rien de bien original, allez-vous penser, cela s'appelle tout simplement la congélation ? Vous avez raison. A cette réserve près que, jusqu'ici, la congélation, très banale dans un grand nombre d'industries alimentaires, n'avait jamais été appliquée aux problèmes particuliers de la conservation des plantes médicinales. Voilà qui est fait aujourd'hui et qui s'appelle S.I.P.F. (Suspension Intégrale des Plantes Fraîches)...

Première précaution pour réaliser ce médicament phytothérapique des temps modernes : cueillir la plante dans son état de fraîcheur optimale, au moment précis où elle sera en pleine possession de ses moyens, traduisez : gorgée de tous ses principes actifs. Ce moment précis, bien entendu, varie avec la plante, et, naturellement, avec la partie exploitée qui pourra être la racine dans le cas de la Bardane, ou du Pissenlit par exemple, la tige s'il s'agit de la Prêle des Champs, la feuille pour l'Artichaut ou la graine en ce qui concerne le Marron d'Inde, etc... En l'occurrence, il ne s'agit d'ailleurs pas de cueillir n'importe comment et n'importe quand : dans le cas des graines de Marrons d'Inde, par exemple, elles seront recueillies en septembre-octobre, lorsqu'elles s'échapperont des fruits mûrs tombés sur le sol, mais pas avant parce qu'elles ne seraient pas arrivées à maturation et pas après parce que le processus de décomposition risquerait d'être entamé. Même chose pour la feuille d'Artichaut, dont la cueillette est très délicate, dans la mesure où dès après la récolte, se produit très rapidement un brunissement qui traduit une modification chimique.

Première condition, donc, agir vite, très vite, le délai de temps qui s'écoule entre la cueillette de la plante et la mise en train du processus de refroidissement ne pouvant excéder 24 heures et, pour certaines plantes, ne pouvant dépasser quelques heures. Un délai très court si l'on songe qu'une fois la récolte effectuée il convient de prendre un grand nombre de précautions afin que la drogue végétale finalement obtenue réponde au critères d'authenticité et de pureté requises : c'est ainsi que la plante à peine cueillie, on procédera à un triage rigoureux afin d'éliminer les éléments indésirables et que l'on effectuera un contrôle de qualité très sévère, authentifié par un bulletin d'analyse : identification au microscope des éléments végétaux, recherches d'éventuels corps étrangers, identification chimique des principaux constituants, essais divers dont une recherche très poussée d'éventuels résidus de pesticides, etc, etc...

Ces contrôles effectués, on procédera à un nettoyage et un lavage minutieux avant d'en arriver à l'opération principale qui consiste à soumettre les matières végétales exploitées (feuilles, fleurs, sommités fleuries, racines, plantes entières selon les cas) à une température inférieure à – 50°. Refroidissement rapide et profond qui permet non seulement le blocage total de toutes les réactions chimiques responsables des transformations chimiques et des dégradations diverses mais encore et surtout le blocage des principes actifs mêmes de la plante et de sa fraction volatile (c'est-à-dire ses essences aromatiques), ce qui aboutit donc à conserver intégralement, ou presque intégralement, toutes les fonctions thérapeutiques de la plante en question.

C'est seulement après cette opération de congélation qui va, en quelque sorte, emprisonner et pétrifier les forces vives de la plante, que l'on va broyer cette dernière, toujours à basse température jusqu'à l'obtention de micro-particules.

Et ce sont ces micro-particules que l'on mettra ensuite en suspension dans une solution d'alcool éthylique à 30 %, lequel alcool éthylique, soit dit en passant, a la propriété de prolonger le blocage de l'action néfaste des enzymes responsables de la décomposition lors du retour à la température ordinaire. Retour à la température ordinaire durant lequel les principes actifs de la plante, ceux qui lui valent ses vertus médicinales, essences aromatiques comprises, vont, tout comme Louis de Funès dans Hibernatus, retrouver leurs fonctions originelles conservées à l'état pur par le froid.

Baptisé, donc, S.I.P.F. — Suspension Intégrale de Plantes Fraîches — ce médicament-plante de conception résolument révolutionnaire est encore trop récent pour couvrir le très large éventail thérapeutique représenté par le vaste univers des plantes médicinales. Mais, d'ores et déjà, la Suspension Intégrale de Plantes Fraîches est proposée en huit «versions» qui sont les S.I.P.F. de Bardane, Fucus, de Marron d'Inde, de Valériane, d'Artichaut, de Mélilot, de Prêle des Champ, de Pissenlit. L'éventail s'élargira bien évidemment dans l'avenir, encore que le laboratoire-concepteur estime qu'il est plus intéressant de réserver ce procédé nouveau en priorité aux espèces dont les principes actifs, fragiles, se dénaturent facilement au séchage et aux espèces contenant des principes actifs pas ou peu solubles dans les solvants actuellement employés.

Quoi qu'il en soit, on notera dans la deuxième partie de cet ouvrage, celle qui propose des ordonnances-type en fonction des différentes affections recensées, que le docteur Moatti, plus spécialement chargé de cette partie purement médicale, préconise déjà les suspensions dans un grand nombre de cas, qui vont de la simple grippe à l'asthme en passant par les affections cardio-vasculaires et les insuffisances coronariennes, les problèmes de tube digestif et les colites, voire les rhumatismes, les problèmes d'obésité, les règles douloureuses ou l'acné juvénile, etc, etc... Un médicament-plante résolument moderne, donc, et d'autant plus sympathique que les flacons actuellement proposés, qu'il est recommandé de bien agiter avant de s'en servir pour mettre la plante en suspension, ont un incontestable aspect écologique dans la mesure où le spectacle de ces micro-particules qui s'agitent ainsi dans le récipient donnent vraiment l'impression que l'on vient de ressusciter une plante vraiment fraîche... qui n'a d'ailleurs jamais cessé de vivre dans sa petite demeure de verre transparente.

Attention tout de même : cet aspect infiniment sympathique ne doit pas vous inciter à jouer au médecin dans la mesure où les suspensions doivent être prises diluées dans de l'eau, le spécialiste décidant alors, seul, par le biais de son ordonnance, le nombre de mesures qui devront être diluées, le nombre de fois que vous devrez prendre cette solution et, éventuellement, les mélanges que vous serez autorisés à préparer (pour les oreillons par exemple, le docteur Moatti recommandera de drainer les émonctoires avec un mélange de trois suspensions, soit Bardane, Pissenlit et Artichaut).

Les phytols
Quand les plantes pénètrent... par la peau

Huiles essentielles, poudres, nébulisats, suspensions de plantes fraîches : en dépit de méthodes et de conceptions, on l'a vu, très différentes, ces médicaments phytothérapiques ont cependant un point commun : ils doivent être absorbés par voie orale, c'est-à-dire être administrés par la bouche, dilués ou non. C'est la réflexion que s'est faite un jour un jeune chercheur de 36 ans, pharmacien biologiste de son état, Freddy Benharoun, qui, depuis des années, rêvait de mettre au point des médicaments à base de plantes... qui pénétreraient tout simplement par les pores de la peau !

A première vue, l'idée pourrait paraître farfelue. En fait, il faut se souvenir que dans le même temps, bien reculé, où l'homme se soignait, de façon souvent bien empirique, par les plantes, avant même qu'il n'ait inventé les huiles essentielles ou les extraits en tout cas, la femme, elle, utilisait parallèlement tout ce que lui proposait et lui propose encore le jardin de la nature pour tenter de rester jeune et belle.

Il y a bien des millénaires que nos compagnes ont découvert les propriétés adoucissantes du Sureau, pénétrantes du Lierre, élastogènes (assouplissantes) de la Prêle, antiséborrhiques de la Bardane, nettoyante de la Saponaire, émollientes de la Pariétaire, protectrice du Millepertuis, revitalisantes du Soja, etc, etc...

Et, plus près de nous, beaucoup plus près de nous dans le temps, des laboratoires français spécialisés dans la phytocosmétique (citons le plus ancien d'entre eux, le laboratoire Vernin, sis à Melun, en Seine-et-Marne) fabriquent, pour les grandes marques de produits de beauté dont ils sont les fournisseurs, des extraits secs et liquides de plantes fraîches qui servent à confectionner la plupart des crèmes, lotions, shampooings et laits en tous genres, dits à base de plantes ou aux extraits de plantes, qui fleurissent actuellement dans le jardin de la beauté. Or, ces produits, — les fameuses crèmes amincissantes, très en vogue, notamment — ont souvent la faculté de pénétrer par la peau, condition importante pour qu'un produit de beauté soit réellement efficace...

Pour revenir donc à Freddy Benharoun, l'homme connaissait bien ces extraits liquides employés en cosmétique, obtenus à partir de macération de plantes fraîches dans de l'alcool, très concentrés en principes actifs qui ont l'extraordinaire propriété de pénétrer dans les organismes par les pores de la peau, grâce, notamment, au propylène glycol que l'on y ajoute. Et il s'est dit que ce qui donnait de bons résultats en matière de produits de beauté pouvait aussi en donner en matière de phytothérapie pure.

A partir donc de ces extraits hydrogycoliques de plantes, il mit au point un produit solide, ou plus précisément mou, qui s'appliquerait évidemment mieux sur la peau qu'un simple liquide. Il conçut alors un gel polyvalent, non gras, qui ne tache pas, au fort pouvoir de pénétration, agréable au contact par la sensation de fraîcheur qu'il procure immédiatement.

Appelé phytogel-base, ce gel se présente actuellement sous la forme de petits pots stériles de 120 ml qui servent, non pas aux particuliers, mais aux pharmaciens, qui y incorporent tels ou tels phytols, proposés, eux, sous la forme de petits flacons de 50 ml de liquide pour procéder à la préparation que va indiquer le médecin phytothérapeute.

Prenons deux exemples précis : un homme souffre d'une crise de goutte (au gros orteil notamment), une femme souffre de règles douloureuses. Dans le premier cas, le médecin-phytothérapeute consulté va prescrire, entre autres, une application trois à quatre fois par jour d'une préparation composée de phytol de Vergerette 10 g, de phytol de Reine des Prés 10 g, de phytol de Genévrier 10 g le tout associé à 30 g phytogel-base. Mais il est bien évident que sans le recours au spécialiste, non seulement vous n'auriez pu établir cette posologie précise mais encore vous n'auriez pu préparer vous-même ce mélange minutieux. C'est le pharmacien qui va s'en charger. Même processus dans le deuxième cas, celui qui concerne les règles douloureuses, où le médecin-phytothérapeute pourra certes prescrire un cataplasme de feuilles de Choux écrasées, mais préferera sans doute, parce que c'est plus moderne et plus pratique, une préparation composée de 15 g de phytol de Genièvre et 15 g de phytol de Harpagophytum associée à 30 g de phytogel-base, à appliquer deux à trois fois par jour et que, bien entendu, le pharmacien sera chargé de préparer.

A l'heure actuelle, la liste des phytols proposés sur le marché pharmaceutique par le laboratoire concepteur, Herba Galénica, est déjà fort étendue puisqu'elle compte vingt et une plantes qui peuvent évidemment, on vient de le voir dans les deux exemples précédents, se combiner entre elles pour élargir encore le champ de possibilités des indications thérapeutiques. Vingt et une plantes, soit : Bardane, Busserole, Calendula, Camomille, Centella Asiatica, Cyprès, Fucus, Genièvre, Ginseng, Hamamélis, Harpagophytum, Houblon, Lierre, Marron d'Inde, Pin, Prêle, Reine des Prés, Ruscus, Sauge, Vergerette du Canada et Vigne rouge.

Pour autant, ce médicament phytothérapique de conception totalement révolutionnaire et qui ne cesse d'évoluer et d'améliorer sa formule n'a peut-être pas encore toute l'audience qu'il mérite, dans la mesure d'une part où l'idée de médecine par les plantes reste sans doute trop assimilée à la seule notion de tisane, dans la mesure encore où il est sans doute difficile de faire admettre au grand public que les principes actifs d'une plante puissent pénétrer par la peau — ce que l'on admet fort bien en revanche d'un produit de beauté à base de plantes !

On verra cependant dans la deuxième partie de cet ouvrage, celle qui est plus spécialement consacrée à la precription médicale, que le docteur Moatti, dans un grand nombre d'affections, n'hésite pas à préconiser l'usage des phytols à ses patients. Lesquels phytols ne sont pas spécialement révolutionnaires par le fait qu'ils s'utilisent en pénétrant par la peau, principe, on l'a vu, qui n'est pas vraiment nouveau, mais bien parce qu'ils constituent actuellement le seul produit thérapeutique à usage externe qui contienne jusqu'à 50 % d'extraits de plantes ! Ce qui signifie en clair que 10 g d'une préparation pharmaceutique à base de phytols appliquée sur la peau contient 5 g de phytogel-base (au pouvoir pénétrant indéniable mais sans vertu médicinale particulière) et 5 g de phytol (qui possède, lui, la ou les vertus médicinales). Pour établir une comparaison parlante, il faut bien se représenter que les crèmes amincissantes aux extraits de plantes actuellement lancées sur le marché (ce sont des produits de beauté, mais à vocation médicale puisqu'elles sont censées faire maigrir), qui axent leur publicité sur des «résultats mesurables» (et elles ne mentent pas en l'occurrence) eh bien! ces crèmes-là ne contiennent actuellement que 4 à 5 % d'extraits végétaux!

Le médicament-plante des temps modernes, la phytothérapie contemporaine, c'est aussi, en 1985, une plante ou plusieurs plantes absorbées par les pores de la peau!...

Les tisanes
Méfiez-vous des océans d'eau chaude...

La boucle est (presque) bouclée. Nous voilà en quelque sorte revenus à la case départ, à l'époque ancestrale des tisanes, à ces temps reculés où l'homme, dès qu'il sut maîtriser le feu, découvrit probablement les vertus médicinales des bouillons de plantes qu'il concoctait sur la flamme. Les tisanes! La meilleure et la pire des choses en matière de médecine par les plantes. La meilleure parce que l'on ne peut nier qu'elles ont constitué la première thérapeutique de l'être humain et même, à certaines époques, une des seules façons de se soigner. La pire parce pour avoir trop conservé de la phytothérapie cette image ancienne, trop de gens, en 1985, identifient encore la médecine par les plantes à la seule infusion des temps jadis. Or, nous l'avons vu dans les chapitres précédents, des chercheurs et des laboratoires spécialisés ont mis aujourd'hui au point plusieurs formes de médicaments-plantes résolument modernes qui placent la phytothérapie sur le même plan que les thérapies les plus contemporaines.

Tout de suite, cependant, une question peut vous venir à l'esprit. Pourquoi, en quelque sorte, rejeter la tisane au dernier rang des formes de soins phytothérapiques que nous venons de présenter alors que pendant des millénaires, l'infusion, la médecine des herbes, a pratiquement constitué le seul recours pour les praticiens ? Même si la méthode était loin d'être parfaite, même si les potions concoctées à l'époque étaient loin de tout guérir, elles devaient tout de même être d'une certaine efficacité pour que les hommes les plus sérieux continuent à en faire usage et à les employer ? Bonne, excellente remarque. Et loin de nous, en fait, l'idée et l'intention de condamner à tout jamais la tisane dont on verra d'ailleurs dans la deuxième partie, plus médicale, de cet ouvrage, qu'elle est encore très souvent prescrite sur les ordonnances-type du docteur Moatti.

Mais il faut ici rétablir une vérité que personne, ou presque, ne connaît. C'est que la tisane de l'an 2000 n'a plus rien à voir avec la tisane du bon vieux temps, celle du Moyen Age en tout cas. A l'époque, elle ne s'appelait d'ailleurs pas tisane, mais apozème, mot qui n'a au demeurant plus cours dans les pages du dictionnaire. Et l'apozème du Moyen Age avait, tous les témoignages concordent là-dessus, un goût absolument abominable dans la mesure où il s'agissait d'une tisane très, très concentrée, obtenue par macération dans de l'eau, par décoction ou par une très longue infusion d'une grande quantité de plante. Il en résultait cependant que ce breuvage assurément peu agréable à ingurgiter était très chargé en principes médicamenteux et que, du même coup, il était souvent efficace, puisque les médecins de l'époque recommandaient même instamment de ne le donner en aucun cas comme boisson ordinaire au malade, mais seulement comme remède. Rien d'étonnant au fond : puisqu'on ne disposait alors pratiquement que de la tisane et des herbes pour espérer guérir et se soigner, on avait donc intérêt à élaborer des potions très concentrées qui soient les plus efficaces possibles. Mais au fil du temps, au fur et à mesure que la médecine fit des progrès et commença à inventer de nouveaux remèdes qui n'avaient pas forcément quelque chose à voir avec les plantes, les apozèmes eurent tendance à perdre leur amertume, à s'édulcorer et à devenir des boissons plus supportables au goût.

Au début du 19e siècle, cependant, la tisane n'était pas encore l'aimable breuvage que nous connaissons aujourd'hui et, à l'époque, les infusions que l'on prescrivait encore très souvent aux malades étaient la plupart du temps dosées à 3, 4 et même 6,5 % de plantes, eu égard à la quantité d'eau employée. Ce qui restait important si l'on considère que de nos jours, les formulations «une ou plusieurs pincées», «une ou plusieurs cuillères à soupe», ou encore «cinq à dix grammes» qui figurent sur les boîtes proposées dans les rayons du pharmacien, ces formulations, donc, aboutissent à des tisanes qui sont la plupart du temps concentrés à moins de 1 %. Nous obtenons ainsi des boissons souvent agréables au goût, mais dont on peut tout de même mettre en doute l'efficacité. Et cette réflexion, assurément plus amère que les infusions de l'an 2000, nous ne sommes pas les premiers à la faire. Dès 1930, Henri Leclerc, le père incontesté de la médecine par les plantes, doutant déjà de l'efficacité de certaines infusions de Camomille, qui constituent pourtant, bien dosées, un excellent antispasmodique, Henri Leclerc, n'hésitait pas à affirmer sans complaisance que «la classique tisane mixture anémique obtenue en semant parcimonieusement quelques fleurs à la surface d'un océan d'eau chaude, était résolument inerte». Et, pour sa part, il indiquait comme critère de base de l'efficacité, en ce qui concerne l'exemple précis de la tisane de

Camomille, une concentration de l'ordre de 3 % de fleurs infusées environ une heure !

Nous en sommes loin, il faut en convenir, des tisanes des temps modernes, agréables, parfumées, qui constituent une boisson sympathique à ingérer... mais qui souvent n'ont aucune action thérapeutique. Robert Fauron, pharmacien biologiste très versé dans la question et par ailleurs vice-président de l'Association Mondiale de Phytothérapie, n'hésite pas quant à lui à affirmer dans son franc-parler imagé, que les meilleures tisanes sont en quelque sorte les plus mauvaises (au goût) et que les plus mauvaises sont dans la plupart des cas celles qui constituent une boisson bien agréable. Et il ajoute, pour l'exemple, qu'en se préparant une infusion de Tilleul avec une pincée de plante ou mieux, à partir d'un sachet-filtre qui dépasse rarement deux grammes, l'utilisateur n'a aucune raison logique et scientifique de penser qu'il va retrouver le sommeil !

Méfions-nous, donc, des « océans d'eau chaude » de 1985 déjà dénonçés par Henri Leclerc. Mais pour autant il ne s'agit nullement, répétons-nous, de rejeter cette forme de soin par les plantes vieilles comme le monde qui peut encore soulager bien des maux. Nous pouvons même dire, sans crainte de nous contredire, qu'il existe actuellement sur le marché pharmaceutique un éventail extraordinaire de tisanes dans la mesure où des laboratoires confirmés mettent en vente des sachets et des boîtes de produits sélectionnés par des médecins qui, en variant et en combinant les plantes choisies, mettent au point de vrais et d'authentiques médicaments. Un laboratoire spécialisé de l'Est de la France sait par exemple à merveille marier l'écorce de Saule, les feuilles d'Ortie, les feuilles d'Olivier et les feuilles de Bouleau pour proposer une tisane antirhumatismale efficace. Pour élaborer une tisane hépatique, ce dernier a mis également au point une formule dans laquelle il n'introduit pas moins de vingt et une plantes qui vont de la Coriandre au Boldo en passant par l'Anis, la Bourdaine, la Guimauve ou le Chiendent. Et pour concocter sa tisane amaigrissante à base de Fucus, de folioles de Séné, de racines de Réglisse et de feuilles de Frêne, il a d'abord réalisé une étude clinique, portant sur une population de soixante sujets de 20 à 55 ans souffrant de surcharge pondérale depuis plus de six mois, sous la conduite du professeur Casanova, expert agréé à l'hôpital Houphouet-Boigny de Marseille.

Nous pouvons donc affirmer, encore une fois sans crainte de nous contredire, que si les tisanes de 1985 ne sont plus celles du Moyen Age, il en existe de médicalement excellentes et très efficaces sur le marché pharmaceutique actuel. Mais tout est question de dosage ! Et le dosage, ainsi que le choix de ces tisanes modernes combinées aux vertus thérapeutiques indéniables, appartiennent, non pas au particulier, mais au médecin-spécialiste, qui seul peut en décider.

Ne haussez pas les épaules, ne soyez pas sceptiques. On a trop pris l'habitude de considérer la tisane comme une préparation simple, que l'on peut se faire soi-même sans risques. C'est peut-être vrai pour une innocente infusion de Tilleul, de Verveine ou de Camomille qui ne vous fera certes pas de mal si elle ne vous fait pas de bien ! Mais ce n'est plus vrai lorsque l'on souffre du foie, lorsque certains troubles de la circulation perturbent votre vie, lorsque vous entendez perdre des kilos superflus voire combattre le redoutable diabète. Il existe, dans le commerce pharmaceutique, c'est vrai, des tisanes spécialisées pour combattre les maux que nous venons de citer en exemple — et bien d'autres. Mais ce n'est pas à vous d'en décider, à supposer que vous fassiez d'ailleurs le bon diagnostic au départ, mais au médecin et si possible au médecin phytothérapeute.

Tout est question de dosage, donc, et aussi, à partir du

moment où le spécialiste vous a prescrit telle ou telle tisane, de savoir-faire.

Que recouvrent précisément les mots infusions, décoction, macération ? C'est ce que nous allons examiner maintenant...

● L'infusion : halte au feu

On a coutume de dire que c'est la façon la plus simple de se préparer une tisane, mais ce n'est peut-être pas si vrai, dans la mesure où beaucoup prétendent qu'il s'agit de verser de l'eau bouillante sur une plante. Ce qui n'est pas du tout la bonne méthode. En vérité, l'infusion consiste d'abord à faire bouillir de l'eau (et pas n'importe quelle quantité d'eau, c'est le médecin-phytothérapeute qui en décidera, à défaut la petite notice figurant sur la boîte ou le sachet acheté chez le pharmacien).

Cette eau portée à ébullition, vous retirez le récipient du feu, ou, mieux, halte au feu, vous coupez la source de chaleur. Et c'est à ce moment-là, mais seulement à ce moment-là, que vous ajoutez au liquide la quantité de plante ou de mélange de plantes prescrites. Et là non plus, pas n'importe quelle quantité : le dosage, nous l'avons vu, est capital, mieux vaut donc qu'il soit précisé par un spécialiste. Il vous suffira ensuite de couvrir et de laisser infuser plus ou moins longtemps (généralement de 10 à 15 minutes, temps qui, là aussi, vous sera précisé par le praticien), puis ce délai passé, de filtrer et de boire.

Quelle quantité, combien de fois par jour ? Au risque de nous répéter — une quatrième fois, tant pis — c'est le médecin qui, en fonction de votre cas, indiquera et la posologie et la fréquence. Vous voyez bien qu'une infusion, ce n'est pas aussi simple que cela en a l'air.

D'autant moins simple que l'on n'infuse pas n'importe quel végétal, sachez-le. L'infusion est en effet réservée à des plantes à fort pouvoir aromatique ou aux fleurs fragiles (le Tilleul, la Verveine, la Menthe par exemple), des plantes qui sont de toute façon aisément «pénétrables» par l'eau. Lesquelles selon le cas se laisseront précisément pénétrer par leurs fleurs (la Mauve, la Bourrache, par exemple), par leurs feuilles (l'Oranger, le Boldo), leurs fruits (l'Anis, la Coriandre), voire leurs racines (la Valériane) ou d'autres parties comme la queue pour la Cerise.

Encore un petit tuyau (et cela sans jeu de mot) : si l'eau de votre robinet est très dure, ne l'employez pas pour vous préparer une tisane, son calcaire nuirait à l'expression des principes actifs de la plante infusée. Préférez alors une eau en bouteille non pas minérale, mais dite «de source».

● **La décoction : pour des plantes plus coriaces**

Certains vous conseilleront de jeter les plantes prescrites dans l'eau froide, avant même de porter à ébullition, d'autres d'attendre que l'eau soit bouillie. Qu'importe, l'essentiel étant alors de ne pas arrêter la source de chaleur une fois l'eau portée à ébullition, mais, au contraire, de laisser bouillir le tout, eau + plante(s) de dix à quinze minutes. Vous l'avez sans doute deviné : on emploie cette méthode pour les plantes plus coriaces, celles dont les principes actifs refuseraient de s'extraire s'ils étaient soumis au simple régime de l'infusion.

Et la décoction est plus généralement réservée à certaines écorces, racines, tiges et fruits comme par exemple l'aubier de Tilleul (antilithiasique), ou la Bourdaine (laxatif); le Chiendent (diurétique) et l'Harpagophytum (antiinflammatoire); la Prêle (reminéralisant); le Chardon-Marie (insuffisances hépatiques) etc, etc...

Comme pour l'infusion, l'opération terminée, vous filtrez et vous buvez selon les indications du praticien. Petit conseil final : n'allez pas faire une décoction avec les feuilles ou fleurs généralement utilisées en infusion en pensant qu'un plus long séjour dans l'eau bouillante vous donnera un meilleur résultat, vous détruiriez au contraire les principes actifs de ces dernières.

● La macération : vous pouvez utiliser... du vin

Si la macération se révèle en vérité comme le plus simple des trois procédés que nous passons ici en revue, dans la mesure où il consiste simplement à laisser macérer une plante dans de l'eau froide un temps plus ou moins variable (de plusieurs heures à plusieurs jours), nous tombons cependant ici dans un domaine plus médical, moins réservé aux particuliers. On traite en effet par cette méthode les végétaux dont les principes actifs pourraient être altérés par une source de chaleur ou ceux dont l'eau chaude aboutirait à extraire des principes actifs gênants sinon toxiques comme ce serait le cas pour les pectines de la Gentiane ou les résines amères de la racine de Réglisse par exemple. L'on utilise assez peu souvent l'eau comme liquide de base, mais plutôt, par exemple, l'alcool pour obtenir une alcoolature d'Ail ou une teinture de Boldo ou l'huile pour élaborer une huile de Serpolet, de Thym ou d'Estragon. Et aussi et surtout — eh ! oui — le vin qui permet donc d'obtenir des vins médicinaux qui ne sont plus guère en vogue. C'est peut-être dommage dans la mesure où ces derniers n'étaient pas dénués d'efficacité et étaient le plus souvent très agréables au goût. Citons simplement le vin de Gentiane que l'on peut obtenir en faisant macérer durant une dizaine de jours quarante grammes de racines dans un litre de vin blanc (c'est alors un tonique général... à condition de n'en boire qu'un verre à madère avant le repas !) ou le vin de Quinquina (que l'on peut obtenir en faisant macérer 20 grammes d'écorce sèche de Quinquina dans un litre de vin blanc doux ou de banyuls mais qui se trouve aussi dans le commerce sous forme d'un extrait composé bien connu qui affirme donner bonne mine). Mais répétons-le : que le liquide de base soit l'eau (la macération ne devra alors pas dépasser douze heures et la boisson obtenue aura l'inconvénient de fermenter très rapidement), l'alcool, l'huile ou le vin, il s'agit plutôt d'un procédé réservé aux professionnels.

● La digestion : comme les schtroumpfs

Enfin on peut citer pour mémoire une quatrième méthode qui est en fait une macération, mais réalisée à partir d'une eau maintenue chaude qu'on ne laissera pas bouillir et non d'une eau froide, ce que les phytothérapeutes appellent «digestion». Pour mémoire, parce que la digestion n'est guère plus réservée qu'à la racine de Salsepareille, que tous les enfants connaissent bien aujourd'hui depuis que Peyo a remis cette plante en vedette au travers de ses fameux «Schtroumpfs». Vous pouvez donc toujours vous concocter une digestion de racine de Salsepareille si vous avez besoin de prendre un bon dépuratif, puisque, à l'heure actuelle, les spécialistes considèrent cette plante comme un excellent dépuratif phytothérapique. Mais la poudre de Salsepareille en gélules, c'est tout de même plus pratique, non?...

La médecine par les plantes d'aujourd'hui

Un vaste champ d'action et quelques limites

Au cours des siècles précédents, on tendait à attribuer à chaque plante médicinale, un très grand nombre de propriétés, les plus diverses. Chaque plante semblait pouvoir guérir beaucoup d'affections et agir sur de nombreux points de notre organisme. La plante la plus démonstrative dans ce sens était la Sauge qui était considérée comme une panacée universelle. L'Ecole de Salerne très réputée du 11e au 14e siècle, a publié en particulier vers 1066 le «Régime de Santé de Salerne» qui s'est très vite répandu dans le monde, mettant l'accent sur les vertus curatives d'un très grand nombre de plantes, et en particulier la Sauge, ou Salvia officinalis, le mot latin

«Salvia» signifiant sauveur. On comprend mieux ce vers célèbre de l'Ecole de Salerne «cur moriatur homo cui salvia crescit in horto» (pourquoi mourrait l'homme dans le jardin de qui pousse la Sauge?)!!!

Mais, heureusement, des médecins phytothérapeutes célèbres de la première moitié de notre siècle (tels que Leclerc, Decaux, Léon Binet, André Lemaire, entre autres), à la suite d'un travail méticuleux, d'observations multiples et régulières faites par eux-mêmes et leurs très nombreux élèves, ont pu «débroussailler», pour ainsi dire, la phytothérapie. Ils ont repris l'étude de chaque plante et n'en ont gardé que les propriétés qui leur semblaient essentielles.

L'essor qu'a pris la phytothérapie ces dernières années a permis aux grands chefs de file actuels de vérifier une grande partie de ce qui avait été consigné par nos prédécesseurs et plus particulièrement dans le Précis de Phytothérapie de Henri Leclerc. Et cela, grâce aux nombreuses observations cliniques mais aussi à de nombreux travaux scientifiques conduits en laboratoire ou en milieu hospitalier. De l'ensemble de ces travaux, il ressort que doit être retenue cette définition «la phytothérapie fait partie de notre arsenal thérapeutique quotidien, au même titre que les autres thérapeutiques. Le médecin phytothérapeute, c'est celui qui, *une fois le diagnostic posé* (moment essentiel de la consultation et sans lequel on ne saurait décemment instituer un traitement) choisit plutôt la phytothérapie qu'une autre thérapeutique, et cela, à valeur thérapeutique égale. Le bon médecin, c'est celui qui, le diagnostic étant posé, choisit en son âme et conscience, le traitement qui apportera le plus de mieux être avec le minimum d'inconvénient».

Cela peut paraître évident et cela devrait l'être. Malheureusement, nous avons à faire face à un certain nombre de personnes qui veulent pratiquer la phytothérapie sans être médecin, donc *sans savoir poser un diagnostic.*

Ne leur dénions pas le fait de connaître les propriétés des plantes. Mais dénions leur la possibilité de poser un diagnostic, moment préalable à tout traitement, il faut le répéter. Et nous avons aussi à faire face à certains médecins qui, dans leur enthousiasme oublient que *la médecine elle-même a des limites* et se laissent aller à certains écarts de langage dangereux pouvant faire penser que la phytothérapie peut tout guérir.

Or, bien entendu, la phytothérapie aussi a ses limites comme méthode thérapeutique. Il faut que l'enthousiasme laisse la place à l'objectivité et à la rigueur. Et si la phytothérapie peut trouver sa place, ne serait-ce que comme petit traitement d'appoint dans certaines maladies graves, on ne peut bien entendu lui donner l'exclusivité dans tous les cas. Ceci nous amène à passer en revue les maladies des différents appareils pour y souligner quelle peut être la part du traitement par les plantes médicinales.

Nous le ferons selon l'ordre qui nous paraît être logique.

Mais notons d'emblée **des domaines de prédilection** que nous développerons :

— certaines maladies rhumatismales et en particulier l'*arthrose;*

— certains troubles de la nutrition et surtout l'*obésité*, les petits *diabètes* qui ne relèvent pas de l'insuline ;

— certaines affections de *la sphère ORL* et certaines maladies respiratoires comme *la bronchite chronique* ;

— les maladies veineuses telles que *varices* ou *hémorroïdes* ;

— certains *troubles neuro-végétatifs* où nous inclurons la *spasmophilie.*

Les maladies infectieuses

Il est un symptôme commun à toutes les maladies infectieuses, c'est la **fièvre**. Les avis des médecins divergent parfois sur le fait qu'il faille la combattre ou pas. Si nous sommes opposés au fait de la combattre avec des armes violentes, nous considérons tout de même apporter un certain confort au malade en abaissant une température trop élevée, en utilisant des armes simples telles que les plantes médicinales.

● Nous sélectionnerons **quelques plantes à action fébrifuge :**
— la Bourrache (Borrago officinalis) dont on utilisera les fleurs fraîches.
— le Chardon Béni (Cnicus benedictus) excellent fébrifuge antiseptique.
— la Gentiane (Gentiana lutea) qui fait partie, comme la Camomille et l'écorce de Chêne, du «fébrifuge français».
— le Saule blanc (Salix alba) point de départ de l'acide acetylsalicylique.

● Exemple de **tisane** composée fébrifuge :

chêne (feuilles)	40 g
bourrache (fleurs)	50 g
gentiane (racine)	80 g

On mettra 20 grammes de ce mélange dans un demi-litre d'eau bouillante, laisser infuser 10 minutes, filtrer et en boire 2 à 3 tasses dans la journée.

Nous allons passer en revue maintenant quelques maladies infectieuses. Nous commencerons par une des plus fréquentes :

La grippe

C'est une maladie infectieuse due à des ultra-virus de souches diverses. Affection très contagieuse, elle débute brutalement, après 1 ou 2 jours d'incubation, avec des frissons, des courbatures, une fièvre élevée et des maux de tête. Elle dure en moyenne 4 jours et laisse une fatigue qui peut durer un mois.

● On peut se protéger et prendre **de manière préventive** en cas d'épidémie, des gélules composées de nébulisats de plantes telles que l'Ail (pour son pouvoir antiseptique), la Carotte et le Cassis pour leur richesse en vitamines, le Ginseng pour son effet «défatigant».

● **Lorsque la grippe est là,** on donnera une infusion comme celle conseillée au chapitre fièvre. On drainera les émonctoires en ajoutant à chaque tasse une cuillère à dessert de Mellite de Taraxacum (Pissenlit), ou une mesure de suspension de plante fraîche de Bardane et Artichaut. On conseillera également des gélules de nébulisats de plantes telles que :

Bardane (sudorifique)
Valériane (sédative)
Saule (fébrifuge)
Pissenlit (diurétique)

Le repos en chambre complètera d'une manière salutaire la prise de ces médicaments et on pourra conseiller pour la convalescence des gélules composées de nébulisats de Ginseng et d'Eleutherocoque qui ont un bon effet sur la fatigue.

Exemple d'ordonnance

1) Prendre 3 gélules par jour de nébulisats de chaque préparation :

a) Bardane	b) Ail
Valériane	Carotte
Saule	Cassis
Pissenlit	

pendant 4 jours
2) Tous les soirs, 2 mesures, dans un verre d'eau, de suspension de plantes fraîches de Bardane et Artichaut.
3) A partir du 5e jour, 3 gélules par jour de nébulisats de :
Ginseng
Eleutherocoque
(la dernière gélule doit être prise avant 17 heures).

Dans les maladies infectieuses de l'enfance, nous envisagerons la coqueluche, les oreillons, la varicelle, la rougeole et la scarlatine.

La coqueluche

Caractérisée par des quintes de toux en «chant du coq», elle nécessite une désinfection de la sphère ORL.

On prescrira systématiquement les *huiles essentielles* telles que celles de : Romarin, Thym, Eucalyptus, Sarriette.

● On drainera les émonctoires avec de la Mellite de Taraxacum que l'on pourra rajouter à **une tisane** telle que celle-ci :

Laitue (feuilles)	30 g
Bardane (racines)	40 g
Bourrache (fleurs)	50 g
Sauge (feuilles)	50 g

Faire bouillir 25 g de ce mélange dans 1/2 litre d'eau pendant 10 minutes, laisser infuser 10 minutes et filtrer.

● On pourra utiliser **des sirops** (voir voies respiratoires) et on frictionnera la poitrine avec **le gel** composé suivant :

Phytol de Cyprès	10 g
Phytol de Pin	10 g
Phytol de Genièvre	15 g
Phytogel base	35 g

Les oreillons

Affection bénigne avant la puberté, elle peut être grave après celle-ci, par ses complications (orchite, ovarite...).

● **On désinfectera** avec les huiles essentielles de Cyprès, Sauge, Genièvre.

● **On drainera** les émonctoires avec les suspensions de plantes fraîches de Bardane, Pissenlit, Artichaut.

● On calmera **les douleurs locales** avec le gel composé de :

Phytol de Calendula	5 g
Phytol de Genièvre	5 g
Phytol de Lavande	5 g
Phytogel base	15 g

● Si l'on a besoin d'**antiinflammatoires**, on pourra utiliser l'Harpagophytum et le Cassis.

La varicelle

Va se caractériser surtout par son prurit : démangeaisons violentes sur tout le corps y compris le cuir chevelu.

● On conseillera **un gel** composé de :

Phytol de Calendula	10 g
Phytol de Lavande	10 g
Phytogel base	20 g

On drainera les émonctoires avec des plantes telles que Cassis, Radis noir, Artichaut, Pissenlit et surtout Bardane (plante de la peau).

La rougeole

Il s'agit d'une maladie qui peut être grave car elle se complique électivement de broncho-pneumonie.

● On conseillera **la tisane fébrifuge** (cf. supra à fièvre) plusieurs tasses par jour.

● **On désinfectera** avec des huiles essentielles de Romarin, Thym, Sarriette.

La scarlatine

Peut être également grave par ses complications cardiaques ou rénales. Le point de départ se situe souvent au niveau de la gorge.

● On conseillera **des gargarismes** avec le mélange classique de :

Ronces (feuilles)	50 g
Noyer (feuilles)	150 g

Laisser bouillir 50 g de ce mélange 3 minutes dans 250 cc d'eau, laisser ensuite infuser 20 minutes, filtrer et faire plusieurs gargarismes par jour.

● On désinfectera avec **des huiles essentielles** d'Eucalyptus, Niaouli, Thym, Origan, que l'on pourra parfaitement associer aux antibiotiques qui peuvent s'avérer indispensables.

Affections broncho-pulmonaires

Nous ne traiterons dans ce chapitre ni des tumeurs, ni des urgences telles l'œdème aigu du poumon. Nous envisagerons par contre les bronchites aiguës et chroniques ainsi que l'asthme, affections pour lesquelles la phytothérapie est très intéressante.

Les bronchites aiguës

● On instituera d'emblée un traitement par **les huiles essentielles** utilisées pour leur *action antibiotique*. On conseillera celles de Thym, Eucalyptus, Genièvre, Pin, Sarriette, Origan. Elles peuvent parfaitement être associées si cela s'avère nécessaire, aux antibiotiques courants.

● **On drainera les émonctoires** avec certaines des plantes suivantes : Pissenlit, Artichaut, Radis noir, Cassis, Fumeterre, Bardane.

● On conseillera de *boire abondamment* et en particulier **des tisanes** telles que celle-ci :

Lavande (fleurs)	15 g
Millepertuis (sommités fleuries)	20 g
Tussilage (fleurs)	20 g
Sapin (bourgeons)	50 g

Mettre 15 g de ce mélange dans 1/2 litre d'eau bouillante, laisser infuser 10 minutes et filtrer.

● On conseillera *pour la toux* **un sirop** ainsi composé :

Teinture d'Ipeca
Teinture d'Aconit
Teinture de Datura
Sirop d'Erysimum
Sirop de Capillaire

(les proportions ont été volontairement «oubliées» s'agissant de plantes qui pourraient être dangereuses en cas de surdosage).

● Par voie externe, on conseillera **des frictions** avec la préparation suivante :

HE Origan	3 g
HE Genièvre	3 g
HE Pin	3 g
HE Thym	3 g
HE Eucalyptus	3 g
Huile d'Olive qsp	90 ml

La bronchite chronique

Habituellement la médecine «classique» conseille pour les bronchites chroniques la prise régulière d'antibiotiques tout le long de l'automne et de l'hiver.

● Ici, les antibiotiques, dans bon nombre de cas, pourront très avantageusement être remplacés par **les huiles essentielles** qui n'ont pas les effets secondaires des antibiotiques.

J'ai une longue expérience de cette pratique qui me donne beaucoup de satisfaction. On utilisera des huiles essentielles d'Origan, Sarriette, Thym, Eucalyptus,

Cyprès, Genièvre.

On pourra y associer des *plantes antiinflammatoires* telles que l'Harpagophytum, des *plantes émollientes* telles que Bouillon blanc, Mauve et Violette.

● On conseillera également **des décoctions** de Pulmonaire (feuilles). Faire bouillir 25 g dans 500 CC d'eau pendant 15 minutes, laisser infuser 15 minutes et filtrer.

● Par voie externe, on pourra conseiller **des cataplasmes** de farine de Lin et de Moutarde (attention à la susceptibilité de certaines personnes à la Moutarde) : faire cuire 50 g de farine de Lin dans un litre d'eau. En mettre une partie dans de la gaze et saupoudrer légèrement de farine de Moutarde.

● Egalement des frictions avec **le gel** suivant :

Phytol de Genièvre	20 g
Phytol de Pin	20 g
Phytogel Base	40 g

L'asthme

Parmi les causes les plus fréquentes, signalons le déséquilibre neuro-végétatif et les allergies.

La phytothérapie pourra être très utile dans son action de drainage, dans son action sédative, dans le renforcement des réactions de l'organisme.

● **Pour le drainage**, nous utiliserons les plantes habituelles, telles que le Pissenlit, la Fumeterre, le Radis noir, la Bardane, l'Artichaut, soit en gélules de nébulisats, soit en suspensions de plantes fraîches.

● **Les plantes sédatives** sont multiples. Nous citerons surtout : la Passiflore, la Valériane, l'Aubépine, le Tilleul, le Lotier, le Mélilot, le Pavot jaune de Californie. On pourra les conseiller en gélules de nébulisats telles que cette formule :

Passiflore
Lotier
Pavot jaune de Californie

ou en suspenssion des Plantes fraîches de : Valériane et Mélilot.

● Enfin, **pour renforcer les défenses de l'organisme**, nous utiliserons une excellente plante, le Cassis (qui a été appelée parfois cortisone-like). Nous utiliserons le nébulisat de Cassis que nous prescrirons en gélules et nous l'associerons dans la même gélule au nébulisat d'Eleutherocoque plante qui a pour propriété de renforcer l'immunité.

Exemple d'ordonnance

1) Prendre 4 gélules par jour, composées des nébulisats suivants :

Passiflore
Aubépine
Lotier
Valériane

2) Prendre 2 mesures, au coucher dans un verre d'eau, de suspension de plantes fraîches :

Pissenlit
Artichaut

3) Enfin, 3 gélules par jour (la dernière à 17 heures) composées des nébulisats suivants :

Cassis
Eleutherocoque

Affections cardio-vasculaires

Contrairement à ce que l'on pourrait penser (s'agissant d'affections graves), la phytothérapie peut beaucoup dans ce groupe de maladies, mais essentiellement par le biais de la *prévention.*

En effet, bon nombre d'affections cardio-vasculaires sont la conséquence de l'athérosclérose. Or, cette dernière est un des domaines privilégiés de la phytothérapie.

● **Sur le plan alimentaire** déjà, on peut conseiller l'usage accru de certaines plantes abaissant le taux de cholesterol est connue, telles que : la Pomme, l'Ail, l'Artichaut, l'Oignon.

● Par ailleurs, on peut parfaitement conseiller, **à titre préventif**, par petites périodes (par exemple 1 semaine sur 2) et ce, à partir de 35 - 40 ans, la prise de certaines plantes en gélules sous forme de nébulisats, telles que : Gingembre, Olivier, Ail, Harpagophytum, Oignon, Fumeterre, Artichaut, Ginseng. Ces plantes étant nombreuses peuvent ainsi donner lieu à des médications alternées.

● D'autre part, une excellente plante est à signaler : il s'agit de **la Prêle**. Elle est très riche en silice. M. et J. Loeper ont attiré l'attention par leurs travaux sur la baisse du taux de silicium dans l'athérosclérose. Il est donc intéressant d'utiliser la Prêle et nous la préconiserons surtout sous forme de suspension de plante fraîche (petites cures de 1 à 2 mesures par jour).

● On peut également conseiller l'usage de **certaines tisanes**, telles que cette excellente décoction : :

Gingembre (rhizome)	20 g
Ginseng (racine)	30 g
Hêtre (bois)	50 g

Faire bouillir 10 g de ce mélange dans 1/2 litre d'eau, pendant 20 minutes. Laisser infuser 5 minutes et filtrer.

Exemple de prescription préventive pour l'athérosclérose

Prendre 1 semaine sur 2 les traitements indiqués ci-dessous :

1) *Pendant le premier mois :*

○ Matin et soir (au réveil et au coucher), 2 gélules de nébulisats de :

Harpagophytum
Oignon
Olivier

○ Après dîner, 2 mesures dans un verre d'eau de suspension des plantes fraîches de Prêle, dans une infusion de Gingembre, Ginseng, Hêtre (cf. ci-dessus).

2) *Le deuxième mois :*

○ Matin et soir, une gélule de :

Gingembre (poudre)
Fumeterre (nébulisat)
Ginseng (nébulisat)

○ Après dîner, 2 mesures dans un verre d'eau de suspension de plante fraîche d'Artichaut et Pissenlit.

Un mois d'arrêt et recommencer.

Envisageons maintenant quelques affections cardio-vasculaires au cours desquelles il est intéressant d'utiliser la phytothérapie :

Les extrasystoles banales

Elles viennent souvent inquiéter par leur présence, et leur survenue, parfois en salve, donne une impression fort désagréable. Dans la majorité des cas, elles sont d'origine nerveuse.

Nous avons à notre disposition 2 plantes majeures : l'Aubépine et l'Agripaume.

● **L'Aubépine** ou Crataegus oxyacantha sera employée sous forme de nébulisat dans des gélules où elle pourra être associée à l'Olivier (Olea europaea).

● Quant à **l'Agripaume** (Leonurus cardiaca), on l'utilisera sous forme de poudre et on l'associera volontiers à la poudre de Marrube (Marrubium vulgare).

● On pourra conseiller **cette infusion** composée, avec beaucoup de succès :

Aubépine (sommités fleuries)	30 g
Aspérule odorante (plante fleurie)	30 g
Passiflore (feuilles et fleurs)	40 g
Coquelicot (fleurs)	40 g

Mettre 15 g du mélange dans 1/2 litre d'eau bouillante, laisser infuser 15 minutes et filtrer. Ajouter dans la tasse 1 cuillerée à dessert de Mellite d'Oxyacantha pour son effet sédatif.

Insuffisance coronarienne

Que ce soit dans sa forme d'angine de poitrine ou dans sa complication majeure, l'infarctus du myocarde, nous allons bien entendu avoir recours aux médicaments dits «classiques» (dérivés nitrés, bêta-bloquants, inhibiteurs du calcium et autres). Cela ne veut pas dire que la phytothérapie est impuissante.

En effet, non seulement on pourra l'utiliser comme appoint très valable, mais dans certaines formes d'angine de poitrine où la part de dystonie neurovégétative est importante, les plantes sédatives seront utilisées larga manu.

● Certaines plantes ont **une action vaso-dilatatrice coronarienne** et seront utilisées comme thérapeutique d'appoint : Aubépine, Carotte, Cresson, Capucine, Aigremoine.

Elles seront utilisées en gélules de nébulisats ou de poudre.

● **Pour l'action sédative,** on utilisera la Valériane et le Mélilot (en suspension de plantes fraîches), la Passiflore, l'Aubépine, le Lotier, le Tilleul, le Pavot jaune de Californie (en gélules de nébulisats).

● Signalons **une excellente tisane sédative :**

Lavande	40 g
Oranger	40 g
Tilleul	50 g
Marjolaine	50 g

20 grammes de ce mélange à ajouter dans 1/2 litre d'eau bouillante, laisser infuser 15 minutes, filtrer.

● Enfin, soulignons que certaines plantes ont **un effet anticoagulant**, en particulier le Cornouiller, l'Ail, le Melilot et l'Oignon.

L'hypertension artérielle

Il s'agit là d'une affection sévère qui peut être à l'origine d'accidents graves (cardiaques et cérébraux). C'est dire toute l'attention qu'il faut apporter à la thérapeutique. Pour voir comment va se situer l'action de la phytothérapie, nous prendrons deux exemples précis.

1er exemple : celui d'une personne d'une cinquantaine d'années chez qui l'on découvre une T.A. à 16/9 sans aucun autre signe, ni clinique, ni biologique. Un deuxième examen à 8 jours d'intervalle confirme ces chiffres.

● Ici, la phytothérapie peut avoir une place prépondérante et l'on conseillera des gélules de nébulisats des plantes suivantes : Bouleau, Aubépine, Ail, Piloselle, Orthosiphon, Oignon, Olivier.

● On drainera largement l'organisme avec des suspensions de plantes fraîches de Pissenlit, Artichaut et Bardane, auxquelles on ajoutera celle de Prêle à cause de son apport de silicium (très important pour la paroi artérielle).

Exemple d'ordonnance :

1) Prendre 3 gélules par jour de :
Aubépine (nébulisat)
Olivier (nébulisat)
Piloselle (nébulisat)

2) 2 mesures par jour dans un verre d'eau de suspenssion des plantes fraîches suivantes :
Prêle
Artichaut
Pissenlit

3) Compléter par une grande tasse d'**infusion** après dîner :

Aubépine (fleurs)	30 g
Pervenche (feuilles)	30 g
Cassis (feuilles)	40 g
Olivier (feuilles)	70 g

25 grammes du mélange pour 1/2 litre d'eau

bouillante. Laisser infuser 15 minutes et filtrer.

2e exemple : il s'agit ici d'un homme de 60 ans environ. Il sait qu'il a habituellement une T.A. élevée, il se soigne mal et prend irrégulièrement ses médicaments. Aujourd'hui on note 23/12. Le patient est en danger. Il faut lui faire comprendre l'intérêt d'un traitement régulièrement suivi et contrôlé. Et si l'ordonnance peut comporter une partie phytothérapique (comme celle du 1er cas), elle indiquera également des médicaments «classiques». Et ce n'est qu'ultérieurement, au cours de contrôles successifs, que l'on pourra, si on note une bonne stabilisation, majorer la partie phytothérapique au détriment de la partie classique.

L'hypotension artérielle

Elle n'est souvent qu'un état banal. Dans la majorité des cas on s'abstiendra de toute thérapeutique.

Cependant, si elle s'accompagne de lassitude, faiblesse ou autres symptômes désagréables, on pourra conseiller un certain nombre de plantes intéressantes pour leur action sur la fatigue : Romarin, Fenugrec et surtout Eleutherocoque et Ginseng.

● **Exemple de prescription :** prendre 3 à 4 gélules par jour, 10 jours sur 15 de :

Eleutherocoque nébulisat
Ginseng nébulisat

Pour les affections telles que **l'artérite des membres inférieurs** ou **l'insuffisance vasculaire cérébrale** on indiquera le traitement général de l'athérosclérose, avec plus spécifiquement le Peuplier noir et le Cornouiller pour l'artérite, et la petite Pervenche pour la sphère cérébrale.

L'insuffisance veineuse

Comme je l'indiquais précédemment, c'est un domaine privilégié de la phytothérapie. C'est une affection très courante qui peut se manifester par une simple gêne (telle que lourdeur des jambes), ailleurs, il s'agira de cordons veineux apparents (varices). Les varices peuvent se compliquer d'ulcères variqueux, de phlébites avec comme complication majeure l'embolie pulmonaire pouvant entraîner la mort. C'est dire l'importance de soigner convenablement l'insuffisance veineuse.

La phytothérapie bien appliquée, à doses suffisantes, apportera toujours une amélioration, au moins sur les signes fonctionnels (lourdeurs, fourmillements, enflures des chevilles). Les plantes utilisées sont nombreuses : Hamamelis, Marron d'Inde, Mélilot, Fragon (ou petit Houx), Vigne rouge, Ficaire, Cyprès, Noisetier, Séneçon entre autres.

On pourra les utiliser par voie interne (gélules de nébulisats ou de poudres, suspensions de plantes fraîches, tisanes) ; par voie externe : gels.

Exemple d'ordonnance

1) Prendre 3 fois par jour, 2 gélules à la fois de nébulisats de :

Vigne rouge
Hamamelis
Cyprès

2) Matin et soir, 2 mesures dans un verre d'eau de suspension de plantes fraîches de Marron d'Inde et Mélilot

3) Une grande tasse de **tisane** après dîner :

Aspérule odorante (feuilles)	20 g
Hamamelis (feuilles)	40 g
Vigne rouge (feuilles)	40 g

Mettre 20 g de ce mélange dans 1/2 litre d'eau bouillante, laisser infuser 15 minutes et filtrer.

4) Appliquer matin et soir **le gel** suivant :

Phytol Ruscus	10 g
Phytol Vigne rouge	10 g
Phytol Marron d'Inde	10 g
Phytogel Base	30 g

Les hémorroïdes

Le traitement général rejoindra celui des varices, avec des doses plus élevées (double ou triple) en cas de forte poussée.

On conseillera, outre la préparation de gel (comme ci-dessus), des **bains de siège** avec une décoction d'écorce de Chêne : faire bouillir 80 à 100 grammes dans un litre d'eau pendant 15 minutes et filtrer.

Le tube digestif

C'est la partie de l'organisme qui est le plus souvent agressée par les médicaments qui ont des effets secondaires. En effet, les spécialistes de l'appareil digestif estiment que maintenant une grande partie des maladies

atteignant le tube digestif sont en rapport avec la prise de certains médicaments, qui sont cependant parfois indispensables.
— Les ulcères gastro-duodénaux, les gastrites érosives, les hémorragies digestives hautes connaissent une grande augmentation de fréquence liée à l'utilisation des anti-inflammatoires et de l'aspirine.
— La lithiase biliaire voit également sa fréquence accrue par la large utilisation, certainement indispensable dans la majorité des cas, des médicaments hypocholestérolémiants, ou à visée anti-athéromateuse.
— Enfin, le nombre des hépatites médicamenteuses augmente.

C'est dire, comme je l'ai déjà souligné, avec quelle minutie le médecin doit peser le pour et le contre de chaque prescription.

Maladies de l'estomac

Nous irons du plus simple au plus compliqué.

Les crampes et spasmes d'estomac

On utilisera **des plantes antispasmodiques** telles le Saule, le Gattilier, que l'on prescrira en gélules.

● On conseillera **des infusions** de Basilic : 10 g pour 200 cc d'eau bouillante, laisser infuser 15 minutes et filtrer.

L'aérophagie

Elle est un désagrément très fréquent, caractérisé par la présence en quantité anormale de gaz dans l'estomac.

● On pourra conseiller les plantes suivantes : Coriandre, Fenouil, Badiane, Menthe, Bardane et Estragon.

● On donnera également **des plantes sédatives**, telles que Passiflore, Valériane, Tilleul, Lotier, Aubépine, Saule, Mélilot.

● On conseillera **des tisanes** et en particulier des infusions de Badiane (Anis étoilé) ou des décoctions de Réglisse.

Exemple d'ordonnance :
1) Prendre après chaque repas, 2 gélules à la fois des nébulisats suivants :
Coriandre
Fenouil
Badiane
2) Prendre au coucher 2 mesures dans un verre d'eau de suspension de plantes fraîches de Mélilot et de Valériane
3) Prendre après chaque repas une tasse de l'**infusion** suivante, ainsi préparée : mettre 8 à 10 étoiles de Badiane pour 300 CC d'eau bouillante, laisser infuser 20 minutes, filtrer et boire.

Le hoquet

● **Pour les cas rebelles** (hoquet fréquent et récidivant et en dehors du traitement de la lésion organique qui pourrait être en cause) on peut conseiller des gélules de Cataire, de Gattilier et de Saule blanc.

● On peut aussi indiquer **le sirop** de cataire composé :

Fenouil (semences écrasées)	5 g
Cataire	15 g
Eau	100 g

Après infusion de 15 minutes, on filtre et on ajoute 4 à 5 cuillers à soupe de Mellite d'Oxyacantha (effet sédatif) et on boit une cuiller à soupe de ce mélange toutes les heures ou toutes les deux heures, selon l'importance du hoquet.

Les gastrites et les ulcères gastro-duodénaux

Nous disposons d'une plante majeure, la Réglisse, que l'on pourra utiliser aussi bien sous forme de pansement, qu'en gélules.

● **Les pansements** pourront être ainsi préparés par le pharmacien : poudre de Réglisse + eau : prendre une cuiller à café de cette pâte au moment des crises et également régulièrement après les repas.

● **En gélule,** on pourra associer la Réglisse à des plantes telles que le Coriandre pour son effet antispasmodique, le Fenouil pour son effet anti-aérophagique.

● On pourra aussi conseiller **des plantes sédatives** telles que la Valériane, le Tilleul et le Mélilot.

● Enfin, on indiquera **des infusions** de Marjolaine, 20 g de sommités fleuries dans 300 CC d'eau bouillante, laisser infuser 15 minutes et filtrer.

Les maladies de l'intestin

Nous envisagerons successivement la constipation, les diarrhées et les colites.

La constipation

C'est un ralentissement du transit intestinal dont il faut tenir compte, mais sans exagération. Certaines personnes sont inquiètes si elles ne vont pas à la selle au moins une ou deux fois par jour et se précipitent sur les laxatifs. Il faut savoir que l'usage abusif des laxatifs est nocif et peut entraîner des colites sévères.

Il faut donc n'avoir recours qu'à bon escient à quelque laxatif que ce soit, fut-il phytothérapique.

- Les plantes améliorant le transit intestinal sont nombreuses. Parmi celles qui ont **une action douce** : l'Artichaut, le Frêne, la Mauve, la Guimauve, la Casse.

- La Bourdaine, le Séné et le Boldo ont **une action plus forte.**

- On peut conseiller également **une infusion** de Serpolet ou une **décoction** de Seigle.

Citons **Les compotes de fruits** prises le matin à jeun, telles que celles de Sureau ou de Figues.

- Enfin, **l'huile d'olive** dont on peut prendre une cuiller à soupe le matin à jeun.

Exemple d'ordonnance :

Prendre le soir au coucher 2 ou 3 gélules de :

Casse

Frêne
Guimauve

Les avaler avec un grand bol de l'infusion suivante, ainsi préparée : Serpolet (sommités fleuries) 10 g pour 300 CC d'eau bouillante, laisser infuser 15 minutes et filtrer.

Les diarrhées

Elles peuvent être de causes diverses :
— en rapport avec une colite spasmodique
— en rapport avec une infection ou une intoxication.

Elles consistent en l'émission de selles nombreuses, liquides, accompagnées de coliques.

● On conseillera **des plantes astringentes**, telles : Bistorte, Caroube, Pimprenelle, Salicaire, Cassis, Myrtille.

● **Des plantes désinfectantes** : huiles essentielles de Coriandre, Sauge, Cannelle, Cajeput, Gingembre.

● **Des plantes antispasmodiques et sédatives** : Saule, Gattilier, Valériane.

● **Les tisanes** peuvent également être conseillées : infusions de Benoîte ou d'Agripaume, décoctions de Pimprenelle par exemple.

Exemple d'ordonnance :

1) Prendre 3 fois par jour une gélule de :
HE Cannelle
HE Cajeput
HE Coriandre

2) Avec 2 gélules à la fois de :
Caroube (poudre)
Pimprenelle (poudre)
Salicaire (poudre)
Saule (nébulisat)

On pourra avaler ces gélules avec une tasse de la décoction suivante : Pimprenelle (plante entière) faire bouillir 20 g dans 300 CC d'eau pendant 15 minutes et filtrer.

Les colites et entérocolites

Souvent en rapport avec un dérèglement neurovégétatif, elles sont très douloureuses, s'accompagnent de diarrhée ou de constipation en alternance et peuvent altérer considérablement l'état général.

● On agira sur **les spasmes douloureux** avec des plantes telles que la Valériane, le Melilot, le Pavot jaune de Californie, la Réglisse.

● Pour **le facteur infectieux** souvent associé, on utilisera les huiles essentielles d'Origan, Thym, Sarriette, Fenouil, Coriandre, Serpolet.

● **Pour le transit** on utilisera les formules indiquées dans les chapitres constipation et diarrhées.

Exemple de prescription

1) Prendre 4 gélules par jour des nébulisats de :
Pavot jaune de Californie
Saule
Gattilier

2) Prendre 4 gélules par jour de :
   HE Fenouil
   HE Origan
   HE Sarriette
   HE Thym

3) Pour la diarrhée, adjoindre 2 gélules 2 ou 3 fois par jour de :
   Caroube (poudre)
   Pimprenelle (poudre)
   Salicaire (poudre)

4) Si l'état général est altéré, on ajoutera 2 à 3 gélules par jour de nébulisats de :
   Ginseng
   Eleutherocoque

5) Frictionner le ventre avec le gel suivant :
   Phytol Genièvre 10 g
   Phytol Vergerette 10 g
   Phytogel base 20 g

Le foie et les voies biliaires

Les gens ont souvent tendance en France, lorsqu'ils ne se sentent pas tout à fait bien, d'attribuer ces sortes de «malaises» au foie, et il est vrai que de nombreux médecins contribuent à pérenniser cette idée. Nous n'entrerons pas dans cette controverse, mais nous envisagerons *l'insuffisance hépatique* réelle, telle que l'on peut la contrôler par des examens de laboratoire.

L'insuffisance hépatique

Elle se manifeste habituellement par des digestions difficiles, des nausées matinales, une intolérance à des aliments tels que les œufs, le lait, le chocolat, des maux de tête, des impressions de vertiges, le tout s'accompagnant souvent de démangeaisons et parfois de douleurs articulaires.

Nous avons un certain nombre de plantes à notre disposition pour améliorer le fonctionnement hépatique : Fumeterre, Boldo, Pissenlit, Millepertuis, Artichaut, Romarin, Radis noir.

● On pourra les conseiller sous forme de **gélules de nébulisats**. Exemple :

Fumeterre
Boldo
Romarin

● Ou sous la forme de **suspensions de plantes fraîches** de

Artichaut
Pissenlit

● **Les tisanes** ont dans ce domaine une place importante, avec de nombreuses plantes telles la Bardane (feuilles), la Camomille romaine (fleurs), la Carline (racines), la Gentiane (racines), la Matricaire (fleurs), la Mélisse (feuilles), l'Ortie, le Romarin (feuilles), le Thym.

● On peut conseiller des infusions :
— *de Camomille romaine* (fleurs) : laisser infuser 20 g dans 250 cc d'eau bouillante pendant 10 minutes, filtrer et boire.
— de *Romarin* (feuilles) : laisser infuser 30 g dans 250 cc d'eau bouillante pendant 15 minutes, filtrer et boire.

● **Les décoctions :**
— de *Carline* (racines) : laisser bouillir 15 g dans 250 cc d'eau pendant 5 minutes. Filtrer et boire après avoir ajouté dans la tasse 1 cuillerée à soupe de Mellite de Taraxacum (qui édulcore et surtout qui draîne les émonctoires).
— de *Gentiane* (racines) : laisser bouillir 15 g dans 250 cc d'eau pendant 15 minutes, filtrer et boire.

● **Une tisane composée** (infusion) :

Mélisse (feuilles) 20 g
Bardane (feuilles) 20 g
Romarin (feuilles) 30 g
Matricaire (fleurs) 30 g

Mettre 20 g du mélange dans 250 cc d'eau bouillante, laisser infuser 15 minutes, filtrer et boire.

Hépatite virale

Le traitement classique consiste à donner beaucoup de repos, des *protecteurs de la cellule hépatique* (nous pourrons en phytothérapie nous servir des formules employées dans l'insuffisance hépatique).

Mais on donnera un traitement pour l'état général. En effet, les hépatites virales (il s'agit souvent de la classique jaunisse, banale) laissent souvent très fatigué pendant plusieurs mois. Il est bon dans ce cas de conseiller une formule « revigorante ».

Nous associerons volontiers deux plantes, qui donnent d'excellents résultats :

Ginseng
Eleutherocoque

Les cholécystites

Il s'agit d'une inflammation de la vésicule biliaire, souvent très douloureuse. Elles peuvent être aigues ou chroniques. Ce sont des affections sévères qui peuvent nécessiter une intervention chirurgicale urgente. Il ne faut donc pas méconnaître le problème.

Les cholécystites aiguës

Nécessitent un repos total, la diète, vessie de glace sur le ventre. Les antibiotiques s'avèrent souvent indispensables. La phytothérapie peut être un traitement d'appoint.

● Nous prescrirons **des huiles essentielles** à visée désinfectante telles que celles des plantes suivantes : Origan, Sarriette, Mélisse, Serpolet, Thym, Cannelle, Cumin, Lemongrass.

● **Pour calmer la douleur**, le médecin pourra prescrire de la Teinture de Belladone (nous rappelons qu'il s'agit ici d'une plante toxique délivrée seulement sur ordonnance médicale).

● Si la crise s'amende, on pourra adjoindre au traitement des **protecteurs de la cellule hépatique**, telles les plantes suivantes : Boldo, Romarin, Fumeterre, Artichaut, Pissenlit ...

● En faisant bonne place aux **tisanes qui draineront l'organisme**. Exemple d'une bonne infusion :

Mélisse (feuilles) 30 g
Romarin (feuilles) 40 g
Chardon Marie (plante entière) 50 g
Artichaut (feuilles) 50 g

Mettre 20 g de ce mélange dans 250 cc d'eau bouillante, laisser infuser 15 minutes, filtrer et boire en ajoutant une cuillerée à soupe de Mellite de Taraxacum (excellent draineur hépato-rénal).

Il faudra toujours faire par la suite les examens nécessaires, en particulier voir s'il y a des calculs dans la vésicule.

Les cholécystites chroniques

Il importe également de reconnaître la présence de calculs.

En l'absence de calculs

● On prescrira **des plantes sédatives, antispasmodiques** telles le Gattilier, le Saule blanc, la Passiflore, la Valériane, l'Aubépine, le Tilleul, le Lotier, le Mélilot, le Pavot jaune de Californie, la Ballote.

Exemple de prescription :
— Gélules de nébulisats de :
    Gattilier
    Saule blanc
    Passiflore
ou :
    Pavot jaune de Californie
    Tilleul
    Lotier
ou : mélanges de suspensions de plantes fraîches de Valériane et de Mélilot

● On luttera également **contre les infections** avec les huile essentielles d'Origan, Sarriette, Thym, Cumin, Serpolet.

● **On drainera toujours les émonctoires** avec les plantes majeures : Pissenlit, Artichaut, Bardane, Fumeterre, Romarin.

Soit en gélules de nébulisats :

Romarin
Fumeterre
Pissenlit

Soit en suspensions de plantes fraîches de

Artichaut
Bardane
Pissenlit

Si calcul il y a :

On a souvent recours à la chirurgie.

Au plan de la phytothérapie, on utilisera ici aussi les plantes sédatives, les huiles essentielles désinfectantes, on drainera les émonctoires.

Dans certains cas de minuscules calculs qui ne risquent pas de s'enclaver dans le cholédoque, on a pu utiliser avec succès le Radis noir. Nous l'utiliserons surtout sous forme de nébulisat.

Enfin, signalons encore **quelques bonnes tisanes** pour terminer ce chapitre des maladies du foie et des voies biliaires.

● **Infusions :**

— Pied de Chat (fleurs) 15 g pour 500 cc d'eau bouillante, laisser infuser 15 minutes et filtrer.

— Aspérule odorante (sommités fleuries) 15 g pour 500 cc d'eau bouillante, laisser infuser 15 minutes et filtrer.

● **Décoctions :**

Artichaut (feuilles) 20 g
Eupatoire (racine) 20 g

Aspérule odorante (sommités fleuries) 40 g
Chardon Marie (plante entière) 40 g

Mettre 30 g du mélange dans 500 cc d'eau bouillante, laisser infuser 15 minutes et filtrer.

Les rhumatismes

Il s'agit là d'un terme qui sert de dénomination courante à un grand nombre de douleurs. En réalité, toutes ces douleurs osseuses, articulaires, périarticulaires, n'ont pas la même signification.

Certaines formes de rhumatismes sont aiguës : souvent d'origine infectieuse, tel le rhumatisme articulaire aigu, ou l'arthrite blennoragique.

D'autres formes sont chroniques mais comportent plusieurs variétés qui n'ont pas la même signification pronostique. Les arthroses, affections très courantes, souvent douloureuses, déformantes n'ont pas la sévérité de certains syndromes sévères tels la polyarthrite rhumatoïde (anciennement appelée polyarthrite chronique évolutive), ou la spondylarthrite ankylosante.

Il ressort de ceci, que si dans certains cas la phytothérapie peut avoir une place très importante dans le traitement, dans d'autres cas elle n'aura qu'une place d'appoint et un rôle tout à fait secondaire.

Le terrain de prédilection de la phytothérapie est *l'arthrose*. Il s'agit là en effet d'une affection très souvent chronique. Elle va donc nécessiter la mise en place d'un traitement au long cours. Or, classiquement nous utilisons des antiinflammatoires et des antalgiques. Ces deux classes de médicaments comportent des inconvénients dont certains très importants. Ils sont contre-indiqués chez toutes les personnes ayant un passé digestif, tel qu'ulcère d'estomac, recto-colite ... Certains d'entre eux nécessitent en outre une surveillance sanguine régulière.

Ces médicaments sont tout de même, à juste titre le plus souvent, employés larga manu, mais ils ont contribué à augmenter considérablement la pathologie digestive par leurs effets secondaires.

Or, il existe un certain nombre de plantes aux effets antiinflammatoires certains et ces plantes n'ont pas d'effets secondaires. L'une d'entre elles, en particulier, l'Harpagophytum, a donné lieu à de nombreux travaux expérimentaux en Allemagne où on l'a appelée « Phenylbutazone-like ». Des travaux cliniques ont également été effectués en France, en double aveugle, dans un grand service de rhumatologie. Ces travaux font état de résultats intéressants avec l'utilisation de cette plante dans l'arthrose.

C'est dire l'intérêt d'utiliser la phytothérapie dans certaines formes d'arthrose, compte tenu de l'absence de réactions secondaires mettant en danger le malade.

Voici les plantes couramment utilisées dans l'arthrose : Harpagophytum, Vergerette du Canada, Cassis, Frêne, Saule, Reine des Prés, Prêle, Fraisier, Bouleau, Camomille, Genévrier, Alkékenge.

● On pourra utiliser certaines d'entre elles **en gélules de poudre, ou de nébulisat**.

Exemples :

Harpagophytum
Vergerette du Canada

ou

Harpagophytum
Cassis

ou

Saule
Reine des Prés

● Ailleurs on indiquera **la Prêle** sous forme de suspension de Plante fraîche.

● **La voie externe** est aussi largement utilisée. On pourra conseiller des massages 1 à 3 fois par jour, selon l'importance des symptômes, avec :

Phytol d'Harpagophytum 10 g
Phytol de Genévrier 10 g
Phytol de Reine de Prés 10 g
Phytogel Base 30 g

Ou tout simplement avec le nouveau gel « La griffe du Diable » (Harpagophytum).

On peut également conseiller des frictions à l'huile de Camomille (Codex 1937)

● Enfin, **les tisanes** ont également un rôle important. On peut conseiller l'infusion suivante :

Alkékenge (baies) 10 g
Saule (écorce) 20 g
Bouleau (écorce) 20 g
Cassis (feuilles) 70 g
Fraisier (feuilles) 100 g

On mettra 20 grammes de ce mélange dans 1/2 litre d'eau bouillante. Laisser infuser 15 à 20 minutes. Filtrer et boire.

Exemple d'ordonnance pour un homme de 45 — 50 ans, atteint d'arthrose des vertèbres lombaires :

1) Prendre 4 à 6 gélules par jour de :
Harpagophytum
Cassis

2) Au coucher, une mesure dans un verre d'eau de suspension de plante fraîche de Prêle.

3) Friction matin et soir avec le gel suivant :
Phytol d'Harpagophytum 10 g

Phytol de Genévrier 10 g
Phytol de Reine des Prés 10 g
Phytogel Base 30 g

4) Prendre après dîner un bol de l'infusion suivante :

Alkékenge (baies) 10 g
Saule (écorce) 20 g
Bouleau (écorce) 20 g
Cassis (feuilles) 70 g
Fraisier (feuilles) 100 g

Mettre 20 g du mélange dans 1/2 litre d'eau bouillante. Laisser infuser 15 à 20 minutes. Filtrer et boire.

En conclusion, les plantes médicinales doivent être indiquées dans les cas d'arthrose où elles peuvent constituer l'unique ou le principal traitement.

Dans les formes sévères de rhumatismes, il faut employer les traitements spécifiques à ces formes (sels d'or, corticoïdes ou autres).

Quant au rhumatisme articulaire aigu, il faut bien entendu se souvenir que l'utilisation prolongée de l'antibiothérapie a permis de réduire presque à néant une de ses complications majeures : l'atteinte valvulaire cardiaque.

Les maladies de la nutrition

Nous regrouperons dans ce chapitre quelques affections courantes qui peuvent être liées au métabolisme et à la nutrition, en particulier : l'obésité, les maigreurs, le diabète, l'urémie, la goutte conséquence fréquente de l'augmentation de l'acide urique, les troubles du métabolisme des corps gras.

L'obésité

Il s'agit là d'une affection extrêmement fréquente qui semble liée dans un grand nombre de cas à un déséquilibre alimentaire.

La définition même de l'obésité a beaucoup varié selon les siècles et au début du nôtre, on considérait comme obésité moyenne un poids de 90 kg pour 1m70.

Actuellement, on est beaucoup plus strict, se référant d'une part à des critères esthétiques, et d'autre part et surtout à des critères de «bonne santé».

En effet, on a de plus en plus tendance à considérer que dans un grand nombre de cas, l'excès de poids peut constituer un facteur de risque de l'athérosclérose avec toutes les conséquences qu'elle peut entraîner en particulier au niveau de la circulation cardiaque et cérébrale.

Par ailleurs, le traitement de l'obésité a soulevé selon les périodes de nombreuses controverses. Pendant longtemps, ont été conseillés les coupe-faim (modérateur de l'appétit) auxquels, selon les cas, étaient associés des diurétiques, voire des extraits thyroïdiens. A l'usage, on s'est rendu compte que l'utilisation abusive, parfois même passagère des coupe-faim, pouvait entraîner des réactions psychiques avec des dépressions.

L'utilisation des diurétiques (sauf dans des cas de syndrôme prémenstruel où de nombreux gynécologues jugent leur utilisation opportune) s'est révélée inutile, voire dangereuse par la constitution d'œdèmes à l'arrêt du traitement.

Quant aux extraits thyroïdiens, hormis les cas exceptionnels où la thyroïde est déficiente et où ils seraient indispensables, ils se sont révélés dangereux pour le système cardiovasculaire.

Tout ceci fait que bon nombre de thérapeutes pense actuellement que le seul traitement de l'obésité passe par la diétothérapie. Ils ont raison. Mais nous savons que les plantes médicinales peuvent être d'un appoint considérable au régime et apporter au patient une aide importante à son amaigrissement.

En effet, les plantes médicinales vont agir :

— sur l'appétit

— sur la diurèse en drainant les émonctoires

— sur le catabolisme («brûlage» des réserves)

— sur l'état de nervosité fréquent de ces personnes.

Sur l'appétit

Il existe en effet des leurres végétaux, c'est-à-dire des plantes dont l'absorption donne une impression de satiété. Il y en a deux majeures à mes yeux : le Carragaheen et le Caroubier.

Je les conseille fréquemment associés dans la même gélule. On en prendra 2 ou 3 une heure environ avant les repas.

Sur la diurèse

On drainera les émonctoires (foie, reins, peau, pancréas) avec des plantes telles que le Pissenlit, la Piloselle, le Bouleau, le Chardon Marie, la Prêle, la Bardane, la Reine des Prés.

On pourra les prescrire en gélules de poudre ou de nébulisat. Par exemple :

Pissenlit
Piloselle

ou

Piloselle
Bouleau

ou

Reine des Prés
Chardon Marie

Signalons une préparation diététique qui comporte des plantes majeures de drainage le Phyto-M (qui se présente en gouttes).

Sur le catabolisme
Une algue, le Fucus vesiculosus, agit d'une manière très intéressante. Je la conseille habituellement sous sa forme concentrée en suspension de plante fraîche, 2 à 3 mesures par jour dans un verre d'eau.

Enfin, on combattra **la nervosité** avec des plantes telles que la Valériane, le Lotier, la Passiflore, le Saule Blanc, l'Aubépine, le Tilleul, le Pavot jaune de Californie, la Ballote, le Melilot et bien d'autres encore.

On pourra les associer en gélules de poudre ou de nébulisat. Par exemple :

Passiflore
Aubépine

ou

Pavot jaune de Californie
Lotier

ou

Tilleul
Saule blanc

● On pourra également utiliser la forme liquide avec un mélange de suspension de plantes fraîches de Valériane et de Mélilot.

● Enfin, signalons **une excellente tisane** pour son effet sédatif et de drainage :

Lavande (fleurs)	40 g
Tilleul (fleurs)	40 g
Cerises (queues)	50 g
Chiendent (rhizome)	50 g

Mettre 50 g de ce mélange dans un litre d'eau bouillante. Laisser infuser 15 minutes, filtrer et boire tout au long de la journée.

Exemple d'ordonnance : il s'agit d'une femme de 20 ans

qui a 4 kg à perdre (qu'elle a pris pendant l'hiver et qu'elle voudrait voir disparaître avant les vacances d'été) :

1) Prendre le matin 2 mesures dans un verre d'eau de suspension de plantes fraîches, de Fucus

2) Une heure avant les 2 repas, des gélules de :

Carragaheen
Caroubier

3) Au début des 3 repas, des gouttes de Phyto-M

4) Enfin, au besoin, au coucher 2 mesures dans un verre d'eau de suspension de plante fraîche de :

Valériane
Mélilot

Il est bien entendu qu'il ne s'agit pas ici de traitement miracle. Il s'agit d'une aide au régime que l'on aura soin d'établir d'une manière minutieuse. Il faut surtout se méfier de ces nombreux régimes miracle qui préconisent une alimentation complètement déséquilibrée et dangereuse. Le régime en fait, relève le plus souvent du seul bon sens : tout le monde sait que les sucres à assimilation rapide tels le chocolat, les pâtisseries, les bonbons, les confitures, etc... sont inutiles et dangereux pour le poids et les artères. Il en est de même pour les matières grasses d'origine animale au-delà d'une certaine proportion dans l'alimentation. Il faudra donc se garder des régimes déséquilibrés.

Les maigreurs

Plus souvent qu'on pourrait le penser, le médecin est consulté pour des états de maigreurs. Et je dois dire que si le traitement de l'obésité est souvent difficile, celui de la maigreur l'est davantage.

Il faut d'emblée savoir que la maigreur de type constitutionnel doit être laissée en paix. En effet, il s'agit là d'une morphologie de l'individu qui a toujours été maigre, dont les parents étaient maigres, ainsi que d'autres ascendants. Il faut expliquer, sur le plan psychologique, qu'il s'agit d'un état constitutionnel pour lequel il serait vain de donner quelque thérapeutique que ce soit. On conseillera cependant la pratique de certains sports, ou de la culture physique surveillée, pour améliorer la musculation et l'on donnera également des conseils diététiques pour une alimentation équilibrée.

Pour d'autres cas, il s'agit d'une maigreur survenue à la suite d'un surmenage, d'un chagrin, d'un alitement à la suite d'une maladie infectieuse aigüe ou d'une maladie chronique. Ces différentes causes ont pu entraîner une diminution de l'appétit (anorexie) parfois importante, d'où amaigrissement.

La phytothérapie comporte pour cela une grande variété de plantes qui redonneront l'appétit et qui stimuleront l'état général.

Pour stimuler l'appétit nous conseillons des plantes telles que le Fenugrec, le Romarin, le Radis noir, la Chicorée, la Gentiane, le Coriandre, le Houblon, l'Aneth, le Fenouil, le Marrube blanc, l'Angélique, l'Absinthe.

Ces plantes pourront être prescrites sous forme de gélules de poudre ou de nébulisats.

- **Exemple de préparations en gélules :**

  Fenugrec
  Radis noir

ou

Gentiane
Coriandre
Fenouil

ou

Aneth
Chicorée
Houblon

● On pourra également conseiller la forme **tisane**. Exemple : infusion d'Angélique : mettre 20 g de feuilles d'Angélique dans 200 cc d'eau bouillante, laisser infuser 10 à 15 minutes, filtrer et boire.

● Une préparation très employée dans les régions du Bassin Méditerranéen et plus particulièrement en Afrique du Nord, consiste à mettre 100 g de Fenugrec dans 1/2 litre d'eau froide, laisser macérer toute la nuit. Boire le lendemain matin après avoir filtré.

Pour stimuler l'état général, nous conseillons l'Eleutherocoque et le Ginseng.

Exemple d'ordonnance : il s'agit d'une femme de 30 ans qui au décours d'une grippe qui a traîné et s'est compliquée d'une bronchite (nécessitant l'utilisation d'antibiotiques) a perdu 3 ou 4 kgs qu'elle n'arrive pas à reprendre. Elle a peu d'appétit et se sent fatiguée. On conseillera :

1) Une heure avant les 2 grands repas, 2 gélules à la fois de :

Gentiane
Coriandre
Fenouil

2) Après le petit déjeuner une tasse d'infusion d'Angélique dans laquelle on ajoutera une cuillerée à soupe de Mellite de Taraxa-

cum (pour son effet de drainage des émonctoires et pour édulcorer).

3) Au début du repas de midi, 2 gélules de :
Eleutherocoque
Ginseng

Le tout, pendant 3 à 4 semaines

Le diabète

Il s'agit d'une maladie due en général à une perturbation de la sécrétion du pancréas. Elle est très fréquente (en France 1 à 2 % de la population, soit environ 500 000 à 1 million de personnes).

Soulignons d'emblée qu'il existe deux formes de diabète qui n'ont pas la même signification :

— *le diabète insulino-dépendant* (environ 100 000 à 120 000 personnes en France). Ce diabète qui nécessite des injections quotidiennes d'insuline et une surveillance très régulière ne constitue pas une indication particulière à mes yeux, de la phytothérapie. Les plantes seront un complément au traitement de base constitué par l'insuline. Elle aideront à drainer les émonctoires en particulier (telles de Pissenlit, la Fumeterre, l'Artichaut ou la Bardane).

— La deuxième forme est couramment appelée *diabète gras*. Elle réagit souvent bien au régime associé à certains médicaments, tels les dérivés sulfamidés ou autres.

C'est à cette forme que la phytothérapie va être très utile. Il y a en effet un certain nombre de plantes aux propriétés hypoglycémiantes : Bardane, Oignon, Mûrier, Noyer, Eucalyptus, petite Pervenche, Géranium, Genévrier, Olivier, Myrtilles.

Ces plantes sont, soit directement hypoglycémiantes, soit destinées à prévenir certaines complications fréquentes du diabète (cutanées ou circulatoires).

● On peut utiliser la forme **gélule de poudres ou de nébulisats :**

Oignon
Petite Pervenche
Myrtilles

ou

Eucalyptus
Noyer
Mûrier

ou

Géranium
Olivier
Genévrier

— L'oignon a l'avantage d'allier des propriétés hypoglycémiantes franches à des propriétés fibrinolytiques (c'est-à-dire de destruction des caillots de fibrine qui pourraient se former et qui endommageraient le système artériel).
— La petite Pervenche, outre son action hypoglycémiante favorise la circulation cérébrale.
— La Bardane voit son action hypoglycémiante doublée d'une action antiseptique, en particulier au niveau de la peau (c'est le grand draineur de la peau), évitant ainsi les complications cutanées fréquentes dans le diabète.
— Il en est de même pour *le Noyer* et *le Mûrier*. Quant à l'Olivier on connaît également son action favorable sur les artères (plante antiscléreuse et antihypertensive).

● On peut utiliser également la forme liquide avec **la suspension de plante fraîche de Bardane.** On en prendra 1 à 3 mesures par jour dans un verre d'eau.

● Quant à **la tisane,** elle nous permettra d'utiliser la formule suivante :

Bardane (racines)	40 g

Eucalyptus (feuilles)	50 g
Olivier (feuilles)	70 g

On laissera bouillir 5 minutes, 20 grammes de ce mélange dans 200 cc d'eau. Laisser infuser 10 à 15 minutes et filtrer.

Pour qu'il n'y ait pas de confusion dans les esprits, sur la place de la phytothérapie dans le diabète, je vais illustrer ces propos par quelques exemples.

1er exemple : il s'agit d'une femme de la cinquantaine, ayant un excédent de poids important. Elle vient me voir pour la première fois. On lui a découvert il y a un an une glycémie à 1,60 g qui n'a pas suffisamment régressé au régime. Elle a été soumise aux hypoglycémiants oraux (2 comprimés par jour) et maintenant sa glycémie est stabilisée autour de 1,20 g. Elle vient me voir parce que ces comprimés hypoglycémiants lui occasionnent des troubles digestifs et elle souhaiterait pouvoir les remplacer par autre chose.

Je lui conseille de poursuivre le même régime, de ne prendre qu'un seul comprimé et de rajouter le traitement suivant :

1) 1 gélule avant les 3 repas de :

Oignon
Petite Pervenche
Myrtilles

2) 2 mesures à la fois dans un verre d'eau, matin et soir de suspension de plante fraîche de Bardane.

3) Une grande tasse le soir de la **tisane** suivante :

Bardane (racines)	40 g
Eucalyptus (feuilles)	50 g
Olivier (feuilles)	70 g

On fera bouillir 20 g du mélange dans 200 cc d'eau pendant 5 minutes, on laissera infuser 10 minutes. Filtrer et boire.

○ *Contrôle de la glycémie* au bout d'un mois.
— Résultat satisfaisant : 1,22 g
— Je fais supprimer le comprimé restant et je modifie l'ordonnance en doublant la gélule prise avant les 3 repas (6 par jour au lieu de 3), en continuant aux mêmes doses la Bardane, en prenant une tasse supplémentaire de tisane le matin.
— Contrôle au bout d'un mois. Satisfaisant : 1,20 g.
— Le traitement est reconduit avec contrôle tous les 3 mois. Toujours satisfaisant.

2e exemple : celui d'une personne qui vient me voir pour la première fois avec une glycémie à 1,60. C'est la première fois qu'on trouve cette glycémie élevée. Après avoir pratiqué un bilan général et en particulier artériel, je conseille le traitement suivant (joint bien entendu au régime habituel des diabétiques) :
1) Prendre avant les 3 repas 2 gélules à la fois de :
Oignon
Mûrier
Noyer
2) Matin et soir 2 mesures à la fois dans un verre d'eau de suspension de plante fraîche de Bardane.
3) Après le petit déjeuner et après le dîner, une tasse de tisane :

Bardane (racines)	40 g
Eucalyptus (feuilles)	50 g
Olivier (feuilles)	70 g

Faire bouillir 5 minutes, 20 grammes de ce mélange dans 200 cc d'eau, laisser infuser 10 minutes, filtrer et boire.
○ *Contrôle de la glycémie* au bout de 4 à 6 semaines et alors, 3 cas d'espèce :
— *1er cas :* la glycémie est toujours à 1,60 g ou plus (c'est rare). Je maintiens la phytothérapie et je rajoute un hypoglycémiant «classique» et pour la surveillance on retombe dans le premier exemple.

— *2e cas :* la glycémie est maintenant entre 1,10 et 1,20 g, le résultat est satisfaisant. Je maintiens le traitement sous surveillance (cas fréquent).

— *3e cas :* la glycémie a baissé, mais de manière insuffisante, 1,30 à 1,40. Je renforce le traitement phytothérapique par l'adjonction d'une gélule supplémentaire aux 3 repas de :

Bardane
Olivier
Géranium

Les hypoglycémies

Elles connaissent des causes multiples, en particulier endocriniennes : insuffisance surrénale ou antéhypophysaire, hyperinsulinisme qui peut être dû à une maladie du pancréas ou à certains troubles neurovégétatifs qui peuvent provoquer un hyperinsulinisme fonctionnel, c'est-à-dire sans lésion.

La frontière est souvent difficile à délimiter, aussi paradoxal que cela puisse paraître, entre diabète latent et hypoglycémie.

Toujours est-il que pour parler d'hypoglycémie, on doit au préalable conforter le diagnostic par une analyse de sang qui montre un taux de glycémie bas.

La phytothérapie n'est à mon avis que d'un très faible apport au traitement des hypoglycémies. Tout au plus pourra-t-on avoir une action bénéfique chez les hypoglycémiques par hyperinsulinisme fonctionnel (c'est-à-dire dû à des perturbations neurovégétatives). L'action se fait par l'intermédiaire des plantes sédatives et décontracturantes, telles : Passiflore, Valériane, Aubépine, Lotier, Mélilot, Saule blanc, Gattilier, Tilleul, Pavot jaune de Californie, Ballote.

Exemples de présentation :

- **Gélules de poudres ou nébulisats :** Passiflore et Aubépine ; Tilleul et Pavot jaune de Californie ; Saule blanc et Gattilier.
- Ou par la **forme liquide :** suspension de plante fraîche de Valériane et Mélilot.

Les affections rénales

L'urémie

Liée à un mauvais fonctionnement des reins, elle se manifeste par une augmentation de l'urée sanguine et de la créatinine.

Certaines formes sévères sont bien entendu au-delà des possibilités de la phytothérapie. Les petites insuffisances rénales peuvent être justiciables de la phytothérapie, associée au régime qui s'impose.

Deux plantes majeures : Orthosiphon et Lespedeza.

D'autres encore : Piloselle, Vergerette du Canada, Bouleau. Mais aussi les plantes de drainage des émonctoires (c'est ici une indication majeure) telles que Pissenlit, Artichaut, Fumeterre, Prêle, Bardane.

Exemple de prescription

— **Gélules de poudres ou de nébulisats :**

Orthosiphon
Lespedeza

ou

Piloselle
Orthosiphon
Vergerette du Canada

— **En liquide** avec les suspensions de plantes fraîches de Prêle, Pissenlit, Artichaut, Bardane.

— Enfin, signalons certaines **tisanes** bénéfiques : infusion de feuilles de Frêne laisser infuser 20 g dans 200 cc d'eau bouillante pendant 15 minutes. Filtrer.

— **Décoction** de feuilles de Busserole : laisser bouillir 20 g de feuilles de Busserole dans 200 cc d'eau pendant 5 minutes, on laissera infuser 10 minutes, filtrer et boire.

L'hyperuricémie

Consiste en un trouble du métabolisme de l'acide urique dont la quantité dans le sang atteint des taux anormalement élevés. Ce trouble provient généralement d'une alimentation mal équilibrée, trop riche surtout en certaines protéines animales. Mais peuvent également survenir certains facteurs héréditaires. Enfin, ici il faut connaître aussi le rôle de certaines agressions répétées, déterminant des «stress» générateurs entre autres d'une élévation de l'acide urique sanguin.

Cette hyperuricémie a pour conséquence la plus fréquente une maladie bien connue, *la goutte.* Il s'agit d'une atteinte inflammatoire avec gonflement douloureux de certaines articulations (surtout le gros orteil). Les dépôts d'urate de sodium forment les tophi.

Nous ferons appel avec de bons résultats à un certain nombre de plantes.

— *Antiinflammatoires et antalgiques* comme l'Harpagophytum, la Vergerette du Canada, le Fraisier, le Cassis, la Camomille, le Genévrier, le Millepertuis, le Saule Blanc, l'aubier de Tilleul, la Reine des Prés.
— *Diurétiques et uricolytiques :* Orthosiphon, Lespedeza, Bouleau, Chêne. Pour n'en citer que quelques-unes.
— A part : *une plante spécifique,* la Colchique (plante dangereuse, à manipuler avec précaution).

Exemples de formules :

● **Gélules de poudres ou de nébulisats :**

Harpagophytum
Vergerette du Canada

Cassis
Millepertuis

Aubier de Tilleul
Orthosiphon

Fraisier
Bouleau
Saule

● Préparations par voie externe, applications de **gels** :

Phytol de Vergerette	10 g
Phytol de Reine des Prés	10 g
Phytol de Genévrier	10 g
Phytogel Base	30 g

Application de **cataplasmes :** écraser 150 grammes environ (à part égale) de feuilles de Bardane, de Bouleau et de Cassis, les mettre entre deux gazes et les appliquer en cataplasmes.

● Pour **les tisanes** nous pouvons employer la préparation suivante :

Reine des Prés (fleurs et feuilles)	40 g

Cassis (feuilles)	40 g
Bouleau (feuilles)	40 g
Vergerette du Canada (plante entière)	50 g

Mettre 30 grammes du mélange dans 300 cc d'eau bouillante, laisser infuser 15 minutes. Filtrer et boire.

Exemple d'ordonnance : homme de la cinquantaine présentant une crise de goutte au gros orteil :

1) Prendre 3 à 4 fois par jour 2 gélules à la fois de :

Harpagophytum
Vergerette du Canada

2) Appliquer 3 ou 4 fois par jour la préparation suivante :

Phytol de Vergerette	10 g
Phytol de Reine des Prés	10 g
Phytol de Genévrier	10 g
Phytogel Base	30 g

4) Boire plusieurs tasses par jour de la tisane suivante :

Reine des Prés (fleurs et feuilles)	40 g
Cassis (feuilles)	40 g
Bouleau (feuillès)	40 g
Vergerette du Canada (plante entière)	50 g

Mettre 60 g du mélange dans 1 litre d'eau bouillante, laisser infuser 15 minutes, filtrer et boire.

(Si la crise est trop forte, on pourra adjoindre une spécialité contenant de la Colchique).

Les troubles du métabolisme des corps gras

Il s'agit en fait d'une augmentation de certaines constantes du sang, comme le cholestérol et les triglycérides, ces deux corps gras existant dans le sang à des taux qui peuvent varier dans la journée en fonction des repas et de leur richesse en corps gras. Il faut faire ces dosages le matin à jeun. Le taux normal de cholestérol sanguin se situe de 1,80 g à 2,20 g par litre. Celui des triglycérides, de 0,80 g à 1,30 g. Ces taux montent sensiblement lorsqu'il y a un trouble du métabolisme des corps gras dans notre organisme. Ce trouble relève le plus souvent d'un déséquilibre dans l'alimentation, mais parfois il peut s'agir de véritables facteurs génétiques qui entrent en jeu.

L'élévation anormale des corps gras dans le sang détermine l'*athérosclérose* que nous avons traitée dans un chapitre précédent. Cependant les choses ne sont pas si simples, car il existe plusieurs «variétés» de cholestérol. Le HDL cholestérol (High Density Lipoprotein) serait protecteur des artères. Par contre, le LDL et le VLDL cholestérol (Low Density et Very Low Density) seraient par contre néfastes pour nos artères.

Pour lutter contre l'élévation de ces corps gras dans le sang, nous disposons bien entendu d'abord et avant tout de **la prévention.**

Cette prévention peut être tout à fait primaire, c'est-à-dire avant même l'apparition de la moindre élévation des taux de cholestérol et de triglycérides. Elle consistera en une alimentation bien équilibrée, veillant à ce qu'elle ne comporte qu'une certaine proportion de corps gras d'origine animale par rapport à ceux d'origine végétale.

La **«phytothérapie alimentaire»** trouvera ici toute saplace en conseillant l'usage accru de certaines plantes connues pour leur action hypocholestérolémiante : Pomme, Artichaut, Ail, Oignon. Certaines plantes seront utilisées en diététique pour leurs huiles composées d'acides gras insaturés : le Blé (huile de germe de Blé). Les graines de Carthame des teinturiers, ainsi que celles de Févier, de Maïs, de Vigne. Les propriétés anti-hatérogènes (qui luttent contre l'artérosclérose) de la nouvelle huile de Colza sont maintenant évidentes. On peut, avec profit, prendre 2 capsules à 0,250 g d'H.M.C. (nouvelle huile de Colza) par jour, au repas du soir par exemple, par petites cures de 10 jours sur 15.

Dépassant ce stade de la prévention par l'alimentation, nous pouvons également pratiquer une prévention active en prescrivant **des plantes sous forme pharmaceutique.** Nous les conseillerons par petites cures discontinues (2 ou 3 semaines par mois selon l'âge) et à petites doses. Signalons que ces traitements préventifs pourraient être établis dès un âge relativement jeune (30 à 35 ans par exemple).

Je pense que compte tenu de l'importance du risque que peut faire courir l'élévation du cholestérol ou des triglycérides (je veux parler de l'athérosclérose qui est à l'origine de près de la moitié des décès, par ses complications cardiaques et cérébrales) l'astreinte consistant à avaler quelques gélules par jour et à surveiller son alimentation, n'est pas trop importante.

● On pourra conseiller **des gélules** composées de :

Harpagophytum nébulisat
Gingembre poudre

que l'on pourra alterner avec des gélules de nébulisats d'Ail, d'Oignon et de Luzerne.

● Ou **des gélules** de poudre de Plantain (ispaghul) et de Hêtre.

● On pourra aussi conseiller des **suspensions de plantes fraîches** d'Artichaut et Pissenlit.

● **La tisane** d'Harpagophytum est également une bonne préparation préventive.

Une fois **en présence d'une élévation du cholestérol** et/ou des triglycérides, notre attitude dépendra de la gravité des choses et du niveau des chiffres. On insistera bien entendu sur les mesures diététiques.

Si les chiffres sont modérément élevés, on pourra conseiller un traitement continu à partir des formules énoncées ci-dessus, mais plus fortement dosées et à dose quotidienne plus élevée.

Si les chiffres sont dangereusement élevés, on utilisera les médicaments «classiques allopathiques». Mais on associera la phytothérapie dans tous les cas, car elle permettra de donner des doses moindres et dans de nombreux cas, elle pourra prendre, après stabilisation des chiffres, le relai exclusif de la thérapeutique précédente.

Les maladies des voies urinaires

Par «voies urinaires», on désigne les reins, les deux uretères qui conduisent l'urine des reins à la vessie, la vessie et l'urètre, conduit qui permet l'émission de l'urine en dehors de l'organisme (ce conduit est très court chez la femme; chez l'homme il se termine au bout de la verge par le méat urinaire), chez l'homme, une glande annexe : la prostate.

Au niveau de cet appareil urinaire, peuvent se produire un certain nombre de désagréments qui tous, du plus simple au plus grave, doivent être considérés avec la même attention.

Nous n'envisageons ici que certaines infections et les-

lithiases, pour lesquelles la phytothérapie peut être d'une aide appréciable.

Les cystites

Elles peuvent être dues à une simple irritation (par un corps étranger par exemple) ou d'origine infectieuse.

De toutes façons, avant de mettre en route un traitement, quel qu'il soit, il est nécessaire de pratiquer une analyse d'urine, de rechercher le germe en cause et de faire un antibiogramme et éventuellement un aromatogramme.

Certains cas vont nécessiter la mise en place d'un traitement antibiotique, mais la phytothérapie aura toujours sa place :
— d'une part par les huiles essentielles de certaines plantes à visée antibactérienne,
— d'autre part, par des plantes sédatives et améliorant la diurèse.

● **Les huiles essentielles** seront en général utilisées en fonction des résultats de l'aromatogramme. Voici celles qui sont le plus souvent utilisées : Sarriette, Niaouli, Pin, Cajeput, Girofle, Sassafras, Cannelle, Origan, Thym.

On les prescrira sous forme de gélules, parfois également en gouttes (moins bien supportées par l'estomac).

Signalons que l'ovule est souvent employé avec succès chez la femme.

● Parmi **les plantes à action sédative** sur la vessie et améliorant la diurèse, citons en particulier : Bardane, Ache, Asperge, Buchu, Busserole, Bruyère, Chiendent, Verge d'Or, Reine des Prés, Prêle, Vergerette du Canada, Saule Blanc.

On peut compléter également par le Cassis et l'Harpagophytum pour **leur action antiinflammatoire.**

● Il faut toujours conseiller de boire suffisamment et au moins 2 litres par jour. **Les tisanes** sont donc les bienvenues non seulement par l'action spécifique des plantes qui les composent mais par le drainage qu'elles déterminent. Nous pourrons conseiller :

— Les fleurs de bruyère : laisser infuser 40 g dans un litre d'eau bouillante pendant 5 minutes. Filtrer et boire dans la journée.

— les fleurs de Sureau (même procédé).

— Voici une excellente formule d'**infusion** d'un mélange de plantes :

Réglisse (racines)	30 g
Cerises (queues)	50 g
Chiendent (rhizome)	60 g
Maïs (stigmates)	70 g

Mettre 80 g de ce mélange dans 2 litres d'eau bouillante, laisser infuser 15 minutes environ, filtrer et boire tout au long de la journée.

— D'autres plantes sont utilisées en **décoction.** Exemple : le rhizome d'Asperge. Faire bouillir 50 g dans un litre d'eau pendant 10 minutes, filtrer et boire dans la journée.

On pourra adjoindre à chaque tasse de tisane une cuillerée à café de Mellite de Taraxacum pour son effet de drainage sur les émonctoires.

Exemple d'ordonnance : femme de 40 ans, qui a des cystites à répétition depuis 2 à 3 ans. A subi de nombreux traitements antibiotiques qui n'amènent qu'une sédation passagère. Après avoir pratiqué les examens habituels, on pourra conseiller :

1) Prendre, réparties dans la journée, et de préférence loin des repas, 4 gélules par jourde :

HE Cajeput
HE Origan
HE Sarriette (fonction de l'aromatogramme si on peut le faire effectuer).

2) Avant les 3 repas, 2 gélules à la fois de :

Buchu
Busserole
Reine des Prés

3) Boire dans la journée plusieurs tasses de **tisane :**

Réglisse (racines)	30 g
Cerises (queues)	50 g
Chiendent (rhizome)	60 g
Maïs (stigmates)	70 g

Mettre 80 g de ce mélange dans 2 litres d'eau bouillante, laisser infuser 15 minutes. Filtrer et boire tout au long de la journée.

Il est bien entendu qu'il faudra toujours rechercher la cause de la cystite et la traiter, il peut s'agir par exemple d'une pierre dans la vessie.

Les lithiases

Elles peuvent parfois provenir d'une stagnation anormale d'urine ou d'un corps étranger dans les voies urinaires (fil non résorbable par exemple). Mais, plus souvent elles sont en rapport avec un désordre dans la constitution chimique de l'urine portant surtout sur le calcium, l'acide urique, l'acide oxalique. Ces désordres favorisent au plus haut point la formation de calculs. La-

concentration urinaire intervient également. En effet, plus l'urine est diluée, moins le calcul a de possibilité de se former.

Le célèbre urologue Guyon disait bien au siècle dernier cette phrase «qui charrie bien ne bâtit pas».

Ces pierres peuvent se trouver au niveau de la vessie, entraînant une pesanteur, des besoins fréquents d'uriner, surtout la nuit, des douleurs de l'urètre. Cette lithiase vésicale est toujours en rapport avec une cause locale (lésion de la paroi de la vessie, ou plus souvent chez l'homme, stase urinaire en rapport avec une augmentation de volume de la prostate).

Les calculs au niveau des «conduits» : bassinet, uretères, déterminent souvent les coliques néphrétiques. Ceux qui en ont eu, ne peuvent oublier cette douleur extrêmement vive par laquelle elle se manifeste.

Soulignons d'emblée que pendant la crise de colique néphrétique, il faut s'abstenir de boire beaucoup sinon cela pourrait entraîner des lésions rénales sévères.

Le traitement par les plantes médicinales va permettre de lutter contre le développement de nouvelles lithiases et contre l'augmentation de la lithiase existante. Il sera associé bien entendu aux conseils diététiques adéquats, non seulement au plan des aliments, mais aussi des liquides qui seront toujours conseillés en quantité suffisante (en dehors des crises).

● Nous utiliserons **des plantes antiseptiques** et augmentant la diurèse par drainage : Reine des Prés, Piloselle, Pissenlit, Lespedeza, Prêle, Orthosiphon, Bouleau, Olivier.

● Exemple de **formules :**

— Gélules de poudres ou de nébulisats :

Lespedeza
Piloselle
Bouleau

ou

Pissenlit
Orthosiphon

— Suspensions de plantes fraîches de Prêle et Pissenlit.

● **Les tisanes** tiennent aussi une bonne place :

— **Infusions :** stigmates de Maïs, 70 grammes à laisser infuser 15 minutes dans 1 litre d'eau bouillante, filtrer et boire.

— **Décoctions :** feuilles d'Olivier dont on fera bouillir 40 g dans 1 litre d'eau pendant 10 à 15 minutes.

Il faudra toujours boire abondamment de ces tisanes (ou d'autres, cf. cystites). On pourra ajouter à chaque tasse 1 cuiller à café de Mellite d'Oxyacantha si on recherche un effet sédatif, ou de Mellite de Taraxacum si on recherche un effet de drainage.

Exemple d'ordonnance : homme de 40 ans, ayant fait une crise de colique néphrétique il y a un mois, suivi de l'expulsion d'un calcul composé surtout d'acide urique.

1) Prendre avant les 3 repas 2 gélules de :
Piloselle
Orthosiphon

2) Après dîner, 2 mesures dans un verre d'eau de suspensions de plantes fraîches de Prêle et Pissenlit.

3) Boire tous les soirs une infusion de stigmates de Maïs dans laquelle on ajoutera une cuiller à dessert de Mellite d'Oxyacantha.

Ce traitement sera fait 3 semaines par mois, pendant 3 mois. Puis on l'appliquera par la suite régulièrement 2 semaines par mois pendant 6 à 8 mois.

Signalons une excellente plante dans la-

lithiase phosphatique : la Garance qui permet bien souvent l'expulsion rapide de calculs de tout petit calibre (à prendre comme le reste sur avis médical).

L'adénome de la prostate

C'est une affection très fréquente. En effet, un homme sur trois, âgé de plus de 50 ans est atteint d'un trouble prostatique (augmentation de volume de la prostate entraînant des troubles fonctionnels avec en particulier, lever plusieurs fois la nuit pour uriner, impression de ne pas vider complètement la vessie, faiblesse du jet, ...).

● Il y a une plante majeure qui donne souvent de bons résultats sur les symptômes fonctionnels et en particulier sur la pollakiurie nocturne : c'est le Pygeum africanum ou Prunier d'Afrique.

● A ce traitement nous ajouterons un certain nombre de **plantes antiinflammatoires ou décongestionnantes,** améliorant pour certaines, également, la circulation veineuse du petit bassin. Il s'agit de : Bouleau, Cassis, Vergerette du Canada, Saule, Orthosiphon, Harpagophytum, Lespedeza, Marron d'Inde, Mélilot.

● Exemple de **formules :**

— Gélules de poudres ou de nébulisats :

Harpagophytum
Saule

ou

Vergerette du Canada
Cassis

ou

Orthosiphon
Lespedeza

ou

Harpagophytum
Orthosiphon

— Les suspensions de plantes fraîches de : Mélilot et de Marron d'Inde

Exemple d'ordonnance : un homme de 65 ans, se plaint d'avoir à se lever plusieurs fois chaque nuit. Le diagnostic posé est celui d'adénome de la prostate.

1) Prendre 4 capsules par jour de Pygeum africanum (2 au réveil, 2 au coucher).

2) Prendre avant les 3 repas 1 gélule de :

Harpagophytum
Orthosiphon

3) Après dîner, 2 mesures dans un verre d'eau de suspensions de plantes fraîches de Marron d'Inde et de Mélilot.

Au bout d'un mois, nous obtenons en général de bons résultats. Ce traitement sera poursuivi ensuite de manière séquentielle (2 à 3 semaines par mois environ).

Les asthénies sexuelles

L'impuissance est un sujet qui a toujours été d'actualité. Mais il y a depuis ces dernières années un intérêt accru pour la question. Les dernières statistiques révélées à un récent congrès font état d'un homme impuissant sur 10, après 50 ans. Les causes psychologiques qui étaient mises à la première place pendant longtemps, restent toujours valables, mais à un degré moindre.

On accorde beaucoup plus d'importance à une mauvaise vascularisation de la région qui rendrait difficile, voire impossible l'érection, d'où une nouvelle tendance à préconiser des traitements à visée vasculaire.

Je pense que la phytothérapie aura son mot à dire dans les années à venir, certaines plantes qui pourraient être très actives étant à l'étude actuellement.

● Pour le moment nous disposons des plantes suivantes, ayant **une action sur l'état général et sur la sphère génitale :** l'Eleutherocoque, le Ginseng, la Carotte, le Gingembre, la Vigne rouge, la Chicorée, la Menthe, le Romarin, le Cassis, le Céleri.

● Exemples de **formules :**

— Avec des gélules de poudres ou de nébulisats :

Eleutherocoque
Ginseng

ou

Gingembre
Carotte
Menthe

● On pourra également conseiller des **tisanes.** Infusions de branches de Céleri : 100 à 120 g pour un litre d'eau bouillante, laisser infuser 15 minutes et filtrer.

Décoctions de racines de Ginseng : 30 g pour 500 cc d'eau. Faire bouillir 15 minutes et filtrer.

Les maladies de la femme

Les femmes peuvent observer un certain nombre de troubles en rapport avec leurs organes génitaux (utérus, ovaires...). Nombre de ces troubles gravitent autour de la période menstruelle.

Nous étudierons essentiellement :
— les règles douloureuses,
— les pertes blanches (leucorrhées),
— le syndrôme prémenstruel,
— la frigidité,
— la ménopause.

Enfin, nous donnerons quelques conseils sur les petits troubles qui peuvent perturber la femme enceinte et nous dirons un mot de la contraception.

Les règles douloureuses

Elles perturbent souvent quelques jours par mois bon nombre de femmes.

● Nous disposons de **plantes sédatives, décontractantes, décongestionnantes et antalgiques.** Ce sont : le Saule, le Gattilier, la Passiflore, la Valériane, le Lotier, le Mélilot, le Pavot jaune de Californie, le Marron d'Inde, la Ballote, la Camomille, le Genévrier, l'Harpagophytum.

● Exemples de formules :
— Gélules de poudres et de nébulisats
Saule
Gattilier

ou

Harpagophytum
Saule

ou

Pavot jaune de Californie
Ballote

— Forme liquide avec les suspensions de plantes fraîches de Valériane et Mélilot

● **Les tisanes :** infusion de fleurs de Passiflore, 20 g pour 300 cc d'eau bouillante, laisser infuser 15 minutes et filtrer.

● La voie externe est intéressante : **cataplasme** de feuilles de Chou. On les fait bouillir 1 à 2 minutes. Ecrasées, elles sont placées entre 2 compresses et appliquées chaudes sur le bas ventre (être bien sûr qu'il n'y a aucune affection inflammatoire associée, comme une appendicite qui contrindiquerait les cataplasmes chauds).

● On peut également conseiller **des frictions** avec :

Phytol de Genièvre	15 g
Phytol d'Harpagophytum	15 g
Phytogel Base	30 g

2 à 3 fois par jour.

Les leucorrhées, ou pertes blanches

Il s'agit là d'un trouble relativement fréquent. A un stade minime, on peut même parler de pertes physiologiques, banales. Ailleurs, il s'agit d'un écoulement abondant, muqueux ou muco purulent, anormal, se faisant par la vulve.

Ce stade pathologique peut être dû à une atteinte du

col de l'utérus, du vagin ou de la vulve. Il peut s'agir d'infection en rapport avec un microbe ou un champignon. Il ne faut pas prendre à la légère ces infections (qui sont d'ailleurs sexuellement transmissibles) qui peuvent entraîner des complications pouvant entraîner une stérilité.

La phytothérapie, lorsqu'elle est indiquée, pourra se conseiller par voie générale ou locale.

● **Par voie générale**, on utilisera des plantes à action antiseptique ou antiinfectieuse : Sarriette, Thym, Origan, Eucalyptus, Romarin, Serpolet, Genévrier. A action antiinflammatoire : Harpagophytum, Vergerette du Canada, Cassis, Reine des Prés.

● **On drainera** enfin les émonctoires, avec : Pissenlit, Artichaut, Bardane, Fumeterre.

● Exemples de formules :

— Gélules de poudres ou nébulisats :

Harpagophytum
Cassis

ou

Vergerette
Reine des Prés

— Gélules d'huiles essentielles (on pourra s'aider d'un aromatogramme) :

HE Thym
HE Origan
HE Sarriette

ou

HE Genévrier
HE Romarin
HE Serpolet

— Solutions de suspensions de plantes fraîches :
Artichaut
Pissenlit
Bardane

● **Par voie locale :** on conseillera des ovules aux huiles essentielles.

Exemple d'ordonnance : femme de 30 ans, ayant des leucorrhées abondantes.

1) Prendre avant les 3 repas une gélule de ;
Harpagophytum
Cassis
2) Répartir, loin des repas, 4 gélules par jour, contenant les HE de :
Thym
Origan
Sarriette
3) Prendre après dîner, dans un verre d'eau, 2 mesures de suspensions de plantes fraîches de :
Pissenlit
Artichaut
4) Mettre au coucher une ovule contenant les huiles essentielles de :
Sarriette
Origan

Le syndrome prémenstruel

Il vient perturber, 8 à 10 jours par mois, la vie de bon nombre de femmes. De nombreuses théories ont été émises quant à son origine. Il en ressort tout de même qu'il devrait s'agir d'un déséquilibre endocrinien avec dans la majorité des cas, une hyperfolliculinie.

Il se manifeste par un très grand nombre de signes : irritabilité, énervement, fébrilité, anxiété sont souvent sur le devant de la scène. Ces signes s'accompagnent d'une sensation de fatigue extrême, de gonflement douloureux des seins, de gonflement généralisé, de prise de poids, de maux de tête. Certains de ces signes peuvent atteindre un degré extrême et rendre la vie impossible à l'entourage.

De nombreux travaux récents laissent à penser que des actes dangereux peuvent être commis par des femmes pendant cette période, ces personnes pouvant être considérées comme «irresponsables».

Toujours est-il que le traitement consistera à donner des plantes visant les signes principaux : dérèglement nerveux, congestion, rétention. On essaiera bien sûr d'agir sur la cause, c'est-à-dire le dérèglement hormonal. Enfin, on ne manquera pas de drainer les émonctoires.

● **Pour le symptôme nerveux :** on utilisera le Tilleul, le Pavot jaune de Californie, la Passiflore, la Valériane, le Mélilot. Exemples de formules :

— en gélules de poudres ou de nébulisats :

Tilleul
Pavot jaune de Californie

— sous forme liquide, suspensions de plantes fraîches de :

Valériane
Mélilot

● **Pour la rétention et la congestion :** la Piloselle, l'Orthosiphon, le Frêne, le Bouleau, le Pissenlit, la Prêle, le Marron d'Inde, la Vigne rouge. Exemples de formules :

— en gélules de poudres ou de nébulisats :
Orthosiphon
Piloselle
ou
Frêne
Bouleau
— sous forme liquide, suspensions de plantes fraîches de : Prêle, Marron d'Inde et Pissenlit.

● **Au niveau hormonal :** on essaiera de freiner la sécrétion de folliculine par le Gattilier. On favorisera celle de progestérone par l'Alchémille.

● Enfin, **on drainera les émonctoires** avec Pissenlit, Artichaut, Radis noir, Fumeterre, Bardane.

● **Exemple d'ordonnance :** jeune femme de 25 ans, ayant, pendant les 10 jours qui précèdent les règles, un gonflement douloureux des seins, une prise de poids de 2 kg et une certaine irritabilité.

1) Au réveil et au coucher, une gélule de :
Gattilier
Alchémille

2) Avant les 3 repas, une gélule (parfois 2) de :
Orthosiphon
Piloselle

3) Avec une gélule de :
Tilleul
Pavot jaune de Californie

4) Après dîner, 2 mesures dans un verre d'eau de suspensions de plantes fraîches de :
Pissenlit
Artichaut
Bardane

La frigidité

Les causes psychologiques sont peut-être chez les femmes plus fréquentes que pour l'impuissance chez l'homme (nous avons vu la place récente donnée aux troubles vasculaires).

La phytothérapie pourra être un appoint à la psychothérapie, avec des plantes agissant sur l'état général et sur la circulation. Eleutherocoque, Ginseng, Gingembre, Vigne rouge, Sarriette pourront être associées dans des gélules.

• On pourra aussi conseiller **des tisanes**, telle une décoction :

Gingembre (racine)	40 g
Ginseng (Racine)	70 g
Eleutherocoque (racine)	70 g

Faire bouillir 30 g du mélange dans 300 cc d'eau pendant 10 à 15 minutes, laisser ensuite infuser 10 minutes, filtrer et boire.

La ménopause

Pendant longtemps, la femme attendait avec angoisse cette période inéluctable de sa vie génitale, car cette période la classait dans le rang des « vieilles femmes » arrivées au déclin de la vie. Il n'en est plus rien actuellement sur le plan psychologique. Les femmes entretenant plus volontiers leur forme physique, et en ayant davantage les moyens, restent jeunes, malgré la ménopause, qu'elles essaient d'ignorer dans de multiples activités sportives et professionnelles.

Cependant, la ménopause va se manifester :

— parfois par des signes évidents : bouffées de chaleur, liées à un dérèglement hormonal, ainsi qu'un certain degré d'irritabilité et souvent une prise de poids qui peut être importane si on n'y prend garde;
— d'autres manifestations sont insidieuses, latentes, et lorsqu'elles se manifestent plus tard, le mal sera déjà installé. Je veux parler des deux risques majeurs de la ménopause; le risque cardiovasculaire et le risque osseux.

En effet, les modifications hormonales survenant à cette période de la vie génitale de la femme (en particulier diminution de la sécrétion ovarienne) vont favoriser l'athérosclérose et la déminéralisation. De nombreux travaux ont mis en évidence que le HDL cholestérol qui, nous l'avons vu est «protecteur», est favorisé par les œstrogènes. Leur diminution va donc entraîner une baisse du taux du HDL cholestérol, en faveur du LDL cholestérol qui lui, favorise le développement de l'athérosclérose (ceci est très schématique). Il en va de même pour ce qui est du métabolisme osseux, la baisse du taux des œstrogènes entraînant une déminéralisation progressive.

● La phytothérapie va permettre de combattre et de prévenir la plupart de ces troubles avec **des plantes prenant le relai des œstrogènes**, telles la Sauge et le Cyprès.

● D'autres **sédatives** : Passiflore, Valériane, Aubépine Tilleul et bien d'autres que nous avons souvent rencontrées.

● D'autres **préventives de l'athérosclérose :** Harpagophytum, Gingembre, Ail, Oignon, Olivier, Eleutherocoque, Ginseng.

● Enfin, une excellente plante, la Prêle, à la fois **reminéralisante et intéressante** pour l'élasticité des artères.

● **Exemple d'ordonnance :** femme de 50 ans, n'ayant

plus de règles depuis 4 mois. La ménopause est confirmée par les différents examens.

1) Matin et soir, 10 jours sur 15, une gélule de :
Sauge
Cyprès

2) Avant les 3 repas, une gélule de :
Harpagophytum
Gingembre

3) Après dîner, 2 mesures dans un verre d'eau de suspensions de plantes fraîches de :
Pissenlit
Artichaut
Prêle

4) Au coucher, 1 à 2 gélules de :
Pavot jaune de Californie
Tilleul

Ce traitement sera poursuivi régulièrement sous surveillance médicale. Sa durée sera fonction de l'évolution de la symptomatologie.

La grossesse

Elle peut entraîner un certain nombre de troubles plus ou moins importants : nausées avec parfois vomissements, salivation importante, aérophagie, insomnies la nuit, somnolence le jour.

La phytothérapie pourra réduire l'aérophagie et les états nauséeux à l'aide d'infusions légères de Badiane.

Quant à l'irritabilité et à l'insomnie, elles pourront faire l'objet d'une prescription à faible dose de Tilleul et Passiflore par exemple.

La contraception

Celle-ci pourrait avoir un certain avenir avec la phytothérapie. La plante qui semblerait la plus intéressante serait le Grémil. L'Androsace serait assez utilisée en Russie. Mais ces plantes doivent donner lieu à de longues études avant de pouvoir être conseillées pour cet usage.

Le stress, les insomnies, les dépressions

C'est en 1936, à Montréal, que Hans Selye a parlé de «Syndrôme de stress biologique», définissant le stress comme la «réponse non spécifique de l'organisme à toute demande qui lui est faite». Cette demande, quelle qu'elle soit est appelée l'agent stresseur, c'est-à-dire en fait, l'agression. Et si on imagine facilement que l'agression a toujours existé, on se rend tout de même compte que la vie moderne a accru souvent les facteurs d'agression. Et en particulier on assiste à un raffinement dans l'agression; car si elle est moins souvent physique et brutale, elle laisse plus de place aux agressions psychiques et psychologiques qui ont des retentissements beaucoup plus graves sur notre organisme.

L'agression va produire dans notre organisme des réactions qui peuvent être peu importantes si l'agression est passagère. Par contre, les perturbations importantes peuvent créer des désordres graves : ulcères d'estomac, infarctus du myocarde, hypertension artérielle. Rappelons encore une phrase de Hans Seyle «l'homme moderne doit maîtriser son stress et apprendre à s'adapter; sinon il sera voué à l'échec professionnel, à la maladie, à la mort prématurée».

En effet, il est évident que l'on ne pourra jamais supprimer les causes des stress. Par contre, on peut éduquer notre organisme à réagir différemment par un certain nombre de méthodes comportementales (relaxation, yoga...) mais aussi par la phytothérapie.

Lorsqu'il se produit une agression, notre organisme va répondre entre autres, par une décharge d'adrénaline. Cette dernière va entraîner des réactions au niveau de tous les appareils et surtout : cardiovasculaire, digestif, métabolique...

● Nous utiliserons donc essentiellement **des plantes antispasmodiques et sédatives :** Tilleul, Mélisse, Lavande, Passiflore, Valériane, Aubépine, Lotier, Mélilot, Saule blanc, Gattilier, Coquelicot, Houblon, Laitue vireuse, Pavot jaune de Californie, Ballote.

● **Exemple de formule :**

— Gélules de poudres et de nébulisats :

Mélisse
Lavande

ou

Tilleul
Coquelicot

ou

Ballote
Laitue vireuse

— Sous forme liquide avec les suspensions de plantes fraîches de :

Mélilot
Valériane

● **Les insomnies** de plus en plus fréquentes, il faut savoir en rechercher la cause et ne pas se contenter de la prise systématique d'un somnifère.

Il est évident, donc, que son traitement ne doit pas être fait à la légère et qu'il faut les conseils d'un médecin. Je pense que, surtout sur les terrains «vierges» de thérapeutique lourde, la phytothérapie va être très intéressante.

Je préconise une préparation progressive du terrain par la prise échelonnée sur la journée de plantes sédatives légères, pour arriver le soir à des plantes plus fortes. Il faut également toujours drainer les émonctoires.

Exemple d'ordonnance : pour une insomnie récente, survenue à la suite de surmenage :

1) Prendre matin, midi et soir, au début des repas, une gélule de :

Mélisse
Aubépine

2) A la fin du repas du soir, 2 mesures dans un verre d'eau de suspensions de plantes fraîches de :

Artichaut
Pissenlit

3) 15 minutes avant le coucher, 2 gélules de :

Pavot jaune de Californie
Valériane

Avaler ces deux gélules avec une tasse, d'**infusion** de :

Tilleul	30 g
Passiflore	30 g
Coquelicot	40 g
Lavande	40 g

20 g de ce mélange dans 200 cc d'eau bouillante. Laisser infuser 15 minutes, filtrer et ajouter dans la tasse une cuiller à soupe de Mellite d'Oxyacantha pour son effet sédatif.

● Enfin, pour **les plantes antidépressives**, nous en citerons principalement deux : le Coriandre et la Lavande.

Compte tenu du caractère particulier de ce genre d'affection, nous n'avons fait que souligner la prescription possible de certaines plantes. Ce que nous pouvons dire, c'est qu'avec beaucoup d'attention et de patience, on peut arriver dans certains cas à une substitution très lente et très progressive de la phytothérapie aux autres thérapeutiques.

● Je terminerai enfin ce chapitre par **la spasmophilie**. Tout le monde sait que ce terme de spasmophilie ou de tétanie a entraîné des controverses acharnées qui ont fait couler beaucoup d'encre (certains niant complètement l'existence de cette maladie, d'autres au contraire, englobant sous ce terme un certain nombre de troubles en particulier neuro-végétatifs, survenant chez des personnes dont le métabolisme du magnésium et du calcium est perturbé). Nous ne pouvons pas parler de cette maladie sans évoquer le nom du regretté Professeur Henri-Pierre Klotz qui est le père de cette affection, qui aurait pu porter son nom et qu'il a parfaitement décrite dans un excellent livre « Etre spasmophile et bien portant ». Toujours est-il que, sur le plan du traitement, en dehors des médicaments réparateurs de la perturbation du métabolisme du calcium, du magnésium et du phosphore (entre autres), nous utiliserons larga manu les plantes sédatives qui donnent des résultats tout à fait intéressants.

Dermatologie

Avec les maladies de la peau, nous abordons un chapitre extrêmement vaste. Nous n'en sommes plus au temps où l'on administrait quelques pommades pour des «boutons». En effet, on a bien classifié maintenant la plupart des différentes maladies cutanées et l'arsenal thérapeutique s'est considérablement développé.

La peau est en fait le reflet de ce qui se passe à l'intérieur et les troubles qui l'atteignent sont le plus souvent en rapport avec un désordre profond de notre organisme. Et dans ce domaine, le psychisme a une responsabilité très importante.

La phytothérapie peut, dans un grand nombre de cas, être d'une aide considérable au traitement de ces affections. Nous allons envisager les principales : acné, psoriasis, mycoses, eczéma, herpès, et nous terminerons par les alopécies (pertes de cheveux).

L'acné

Affection extrêmement fréquente, elle semble déterminée par un facteur génétique auquel s'associe une sensibilité particulière des glandes sébacées et des canaux folliculaires, aux sécrétions hormonales androgéniques (hormones mâles). C'est ce qui explique que, contrairement à ce que l'on pense souvent, l'acné va pouvoir se prolonger jusqu'à un âge avancé, aussi bien chez l'homme que chez la femme. D'où la nécessité, la guérison apparemment obtenue, de maintenir un traitement d'entretien prolongé.

Pour la bonne compréhension du traitement, rappelons schématiquement ce qu'est l'acné. Elle est en rapport avec une hypersécrétion des glandes sébacées (séborrhée) et avec une kératinisation anormale du canal folliculaire. Cet amas anormal de sébum et de kératine forme le microkyste sébacé.

Actuellement, de très nombreux produits «allopathiques» d'apparition récente dans notre arsenal thérapeutique ont révolutionné l'évolution de l'acné banale. Ces nombreux produits s'appliquent aussi bien par voie externe que par voie interne.

Cependant la phytothérapie garde encore une place intéressante dans le traitement de l'acné (les nombreux traitements auxquels il est fait allusion ci-dessus ne sont pas parfaitement supportés dans 100 % des cas).

Le traitement va tenir compte d'un certain nombre de facteurs qui induisent l'acné :
— l'hypersécrétion sébacée,
— l'hyperkératinisation,
— l'inflammation et la surinfection souvent observées,
— le déséquilibre hormonal,
— le déséquilibre neuro-végétatif.

● **Localement** on utilisera les préparations à base d'huiles essentielles de certaines plantes comme l'Origan, la Sarriette, le Thym, la Lavande. On pourra également utiliser l'Hydrolat de Plantain.

● **Par voie interne, chez la femme**, on luttera contre le déséquilibre hormonal (en faveur des androgènes) par la prescription de plantes à visée œstrogénique comme la Sauge et le Cyprès, ou à visée progestéronique comme l'Alchemille.

Pour des raisons évidentes, on évitera d'agir **chez l'homme** sur sa sécrétion androgène.

Toujours par voie interne, on prescrira une plante majeure de la peau, la Bardane. On drainera aussi les autres organes (foie et reins en particulier) avec des plantes comme le Pissenlit, l'Artichaut, la Fumeterre ...

Enfin, on utilisera **les plantes sédatives** : Passiflore, Valériane, Mélilot, Tilleul, Pavot jaune de Californie par exemple.

● **Exemple d'ordonnance** : jeune fille de 20 ans, ayant une acné du visage et des épaules depuis quelques mois et qui consulte pour la première fois :

1) Appliquer le matin une solution de :

HE Origan
HE Sarriette
HE Thym
HE Lavande

2) Appliquer le soir la préparation suivante :

Phytol de Calendula	10 g
Phytol de Bardane	10 g
Phytogel base	20 g

3) Prendre 3 fois par jour, pendant la première moitié du cycle, une préparation de :

HE Sauge
HE Cyprès

et pendant la deuxième moitié du cycle, des gélules d'Alchemille

4) Enfin, après dîner, prendre dans un verre d'eau 2 mesures de suspensions de plantes fraîches de :

Bardane
Pissenlit
Mélilot

Selon l'évolution, on sera habilité à poursuivre seulement le traitement par les plantes médicinales ou à rajouter un traitement «allopathique».

Le psoriasis

Maladie pénible à supporter, fréquente (2 % environ de la population), elle nécessite un suivi très minutieux au plan thérapeutique.

Ici aussi, notre arsenal thérapeutique moderne s'est enrichi de nombreuses armes puissantes qu'il faut manier avec beaucoup de précautions et qui ne sont pas non plus parfaitement supportées dans 100 % des cas.

C'est pourquoi les plantes médicinales ont également toujours leur place, ne serait-ce que comme traitement d'appoint non négligeable. Ici aussi, nous utiliserons les huiles essentielles (aussi bien par voie interne que par voie externe) de plantes telles que Thym, Sarriette, Origan, Lavande. Les plantes antiinflammatoires seront d'un bon appoint : Harpagophytum, Vergerette du Canada. Les plantes de drainage : Bardane, Radis noir, Pissenlit seront indiquées ainsi que les plantes sédatives.

Les mycoses

Couramment appelées «champignons» elles nécessitent un diagnostic précis et non pas «à vue de nez». Ici aussi de nombreux médicaments sont venus récemment renforcer notre arsenal thérapeutique.

La phytothérapie apporte également beaucoup dans ce domaine avec les huiles essentielles de plantes telles que : Thym, Géranium, Sauge, Sarriette, Camomille, Cajeput, Eucalyptus. Les plantes sédatives et de drainage sont toujours de mise.

● Signalons les cas particuliers de **Candidose buccale**. On pourra conseiller des bains de bouche avec un mélange d'HE de Lavande, Géranium et Camomille, dans de l'eau distillée.

Les eczémas

Lésion cutanée desquamante, souvent d'origine allergique et associée à d'autres manifestations telles que : asthme, rhume des foins.

Une plante intéressante pour ses propriétés dans l'allergie : le Cassis.

On utilisera aussi les plantes de drainage et en particulier la Bardane, ainsi que les plantes sédatives. On se méfiera par contre des huiles essentielles qui peuvent dans certains cas provoquer de l'allergie. On pratiquera plutôt par voie externe, des lotions avec des **décoctions** comme celle-ci :

Myrtilles (baies et feuilles)	50 g
Noyer (feuilles)	50 g

On fera bouillir ce mélange 15 minutes dans un litre d'eau, filtrer, et utiliser en lotion sur les zones d'eczéma.

L'herpès

Est une affection qui a fait beaucoup parler d'elle récemment aux Etats-Unis. Elle est due à un virus filtrant. Elle se présente sous forme d'éruption de vésicules qui sont groupées et le siège de prédilection se situe autour de la bouche, du nez ou sur les organes génitaux.

La phytothérapie utilisera les huiles essentielles aussi bien par voie interne qu'externe. Elle fournira les plantes de drainage et sédatives.

Le zona

Nous ferons une place à part au zona. C'est une affection qui est due vraisemblablement à un virus neurotrope, (qui se porte électivement sur les nerfs). Cette maladie laisse souvent comme séquelle des douleurs extrêmement fortes qui rendent la vie intolérable.

La phytothérapie appliquée dès les premières heures peut être d'un apport très intéressant. On utilisera surtout les huiles essentielles par voie externe et interne, ainsi que les plantes antiinflammatoires et de drainage.

● **Exemple d'ordonnance** :

1) Appliquer des compresses imbibées d'une solution d'HE de Sassafras, de Sauge et de Camomille dans de l'huile d'Amande douce.

2) Alterner avec un gel composé de phytol de Calendula et d'Harpagophytum dans du Phytogel base

3) Prendre 2 à 3 mesures par jour dans un verre d'eau de suspension de plantes fraîches de Bardane, Pissenlit.

4) Prendre plusieurs tasses par jour de la **tisane** suivante (décoction) :

Bardane (racines)	30 g
Patience (racines)	50 g
Salsepareille (racines)	60 g
Pensée sauvage (sommités fleuries)	60 g

Faire bouillir 50 g de ce mélange dans 1 litre d'eau pendant 15 minutes, filtrer et boire tout au long de la journée.

Des tisanes pour la peau

Nous allons passer en revue maintenant un certain nombre de plantes qui pourront être utilisées en tisane, pour leurs propriétés au niveau de la peau.

● **Infusions** de Pensée sauvage, Pissenlit, Fumeterre, Bourrache, Thym, Menthe, Matricaire, Artichaut, Cassis, Romarin.

● **Décoctions** de Bardane, Patience, Plantain, Salsepareille, Bouillon blanc. Exemple d'une décoction :

Bouillon blanc (feuilles)	40 g
Pissenlit (racines)	40 g
Bardane (racines)	60 g

Faire bouillir 70 g de ce mélange dans un litre d'eau pendant 10 minutes, laisser infuser 10 minutes et filtrer. Boire tout au long de la journée. Ajouter dans chaque tasse une cuillerée à café de Mellite d'Oxyacantha pour son effet sédatif.

● **Les bains** ont également un certain intérêt en dermatologie. Certains sont bien connus tels le *bain de Saponaire composé* que l'on peut conseiller dans l'acné.

Arnica (fleurs)	50 g
Bardane (racines)	150 g
Saponaire (racines)	200 g

On fait bouillir la totalité de ce mélange dans 2 litres d'eau pendant 10 minutes. On laisse infuser 20 minutes, on filtre et on ajoute le tout à l'eau d'un bain tiède (30° environ). Durée du bain 10 minutes.

Les alopécies

Elles se présentent selon deux types :
— les alopécies circonscrites ou pelades,

— les alopécies diffuses.

Elles posent souvent de graves problèmes psychologiques. Elles ont donné lieu à de multiples traitements avec des résultats très aléatoires. Des méthodes locales, comme celle des transplants, semblent donner des résultats satisfaisants.

La phytothérapie va soigner à la fois le terrain, les perturbations hormonales, la dystonie neurovégétative.

● On conseillera **un apport suffisant de vitamines** dans l'alimentation :
— *la vitamine A* : sera donnée par le germe de blé, épinards, carottes, abricots, pêches.
— *la vitamine D5* : pommes de terre, choux.
— *la vitamine H (B8)* : noix, champignons, haricots secs.
— *la vitamine C* : fruits et légumes frais.

● **Chez les femmes** on luttera contre l'hyperandrogénie par des plantes favorisant les œstrogènes : Sauge, Cyprès.

● On conseillera **les sédatifs** classiques : Aubépine, Lotier, Passiflore, Valériane, Pavot jaune de Californie.

● **On drainera les émonctoires** : Bardane, Artichaut, Pissenlit.

● **Localement** :
— la Capucine est un tonique du cuir chevelu. On l'emploiera en lotion ou en shampooing. Elle agit par le soufre qu'elle contient. Il en est de même pour le *Cresson* dont on utilise le suc.
— l'Ortie : on utilise le suc, la décoction aqueuse, la macération alcoolique.
— le Buis est utilisé en lotion.
— La Bardane : le décocté concentré de racines est utilisé en frictions.
— La Sauge : utilisée en teinture mère : frictions qui favorisent la pousse des cheveux.

— Le Romarin est un bon excitant du cuir chevelu.
— La Gentiane est un tonique capillaire.
— Le Jaborandi stimule la croissance des cheveux.
— Enfin signalons l'Oignon qui, employé régulièrement en lotion, arrête la chute des cheveux. On laisse macérer 24 heures dans un litre d'eau, 3 oignons émincés. On exprime, on passe, on ajoute une essence comme la lavande et on masse le cuir chevelu.

En conclusion, ces traitements sont aléatoires, mais peuvent dans certains cas donner des résultats intéressants.

Les maladies de la région O.R.L. (Oto-Rhino-Laryngologie)

Ce sont essentiellement les angines, les rhinites, les sinusites et les otites. Nous les développerons successivement. Ces différents paragraphes auront bien entendu un certain nombre de traitements en commun (huiles essentielles, etc...) comme en allopathie et, en plus, des particularités.

Les angines

On ne doit jamais négliger une angine, car, d'apparence banale, elle peut se compliquer de maladies graves : rénales, cardiaques ou articulaires. Cela explique l'antibiothérapie qui est souvent mise en place devant une angine fébrile, dès le prélèvement de gorge fait pour déterminer le germe en cause.

Le médecin phytothérapeute ne devra pas hésiter à soumettre également son malade à l'action des antibiotiques si la situation l'exige. Mais il mettra en place aussi un traitement phytothérapique et en particulier aromathérapique. Cela renforcera l'action des antibiotiques, permettant dans certains cas une administration moindre et moins prolongée de ces derniers.

● **Au plan local** : nous conseillons des **badigeons** avec un tampon imbibé d'une solution comportant des huiles essentielles de Sarriette, Thym, Origan, dans de la glycérine. Des **gargarismes** avec une préparation classique :

Ronces (feuilles)	50 g
Noyer (feuilles)	150 g

Faire bouillir 100 g de ce mélange 3 minutes dans 1/2 litre d'eau, laisser ensuite infuser 20 minutes, filtrer et faire plusieurs gargarismes par jour, le plus chaud possible.

● **Au plan général** :

— On donnera des huiles essentielles en gouttes ou mieux en gélules : Origan, Sarriette, Thym, Eucalyptus.

— On donnera des antiinflammatoires : Harpagophytum, Vergerette du Canada.

— On renforcera les défenses de l'organisme avec l'Eleutherocoque.

— Et on drainera les émonctoires avec Bardane et Pissenlit.

● **Exemple d'ordonnance** : pour une angine non streptococcique chez un homme de 30 ans.

1) Faire 3 fois par jour un gargarisme avec la préparation suivante :

Ronces (feuilles)	50 g

Noyer (feuilles) 150 g

Faire bouillir 100 g de ce mélange 3 minutes dans 1/2 litre d'eau, laisser infuser 20 minutes, filtrer.

2) Après chaque gargarisme, faire un badigeon avec la préparation suivante :

HE Sarriette
HE Thym
HE Origan
Glycérine

3) 3 fois par jour, prendre une gélule de :

Harpagophytum
Eleutherocoque

4) 3 fois par jour, une gélule de :

HE Origan
HE Sarriette
HE Thym
HE Eucalyptus

5) Enfin, 2 mesures par jour dans un verre d'eau de suspensions de plantes fraîches de Bardane et Pissenlit.

Ce traitement est à faire au moins 6 à 8 jours pour la partie locale et 12 à 15 jours pour la partie générale.

● On conseillera toujours de **boire suffisamment** avec au besoin des **tisanes**, telles que :

Aulne	20 g
Chêne (feuilles)	30 g
Bourrache	50 g
Gentiane	50 g

On laissera infuser 20 g du mélange dans 1/2 litre d'eau bouillante pendant 10 minutes, filtrer et boire en 2 à 3 fois dans la journée.

Les rhinites aiguës

● **Localement** : on désinfectera les narines simplement avec de l'huile goménolée. On pourra conseiller des inhalations de courte durée avec un soluté à base d'huiles essentielles de Lavande, Niaouli, Eucalyptus.

● **Par voie générale** : on donnera des huiles essentielles en gouttes ou mieux, en gélules, pour la désinfection. Dans certains cas (jeunes enfants) on pourra les conseiller sous forme de suppositoires.

On pourra compléter par **des plantes antiinflammatoires** : Cassis, Vergerette du Canada, et **des plantes de drainage** : Pissenlit, Artichaut ...

● **Dans le cas de rhinite chronique**, les traitements auront la même direction avec des posologies et durée différentes.

● **Rhinites allergiques** : qui nécessiteront un traitement de terrain très particulier avec plus spécialement des plantes telles que : Cassis, Eglantier, Réglisse. Des sédatifs seront également employés très largement ainsi que les draineurs des émonctoires.

Les sinusites aiguës

● **Au plan local** : on conseillera 2 à 3 inhalations par jour de courte durée avec des huiles essentielles de Lavande, Thym, Pin.

Je ne suis pas très partisan des huiles essentielles en aérosol (sauf sous surveillance très précise), car on peut constater des réactions individuelles importantes.

On désinfectera également les narines (huile goménolée par exemple).

Enfin, toujours localement, pour les douleurs des sinus qui peuvent être très vives, on pourra conseiller les classiques applications de feuilles de Chou qui procurent un grand soulagement (cuites, écrasées et appliquées en cataplasme), ou les applications d'un gel composé de phytols de Calendula, Genévrier et Harpagophytum.

● **Au plan général** : la désinfection se fera avec les huiles essentielles : Eucalyptus, Thym, Origan, Lavande, Sarriette en gouttes, en gélules ou en suppositoires.

On ne manquera pas également de drainer les émonctoires (Bardane, Fumeterre, Pissenlit). On complètera éventuellement par l'action des antiinflammmatoires : Harpagophytum, Cassis.

● **Les sinusites chroniques** se verront appliquer un traitement utilisant les mêmes grandes lignes, la posologie et la durée seront différentes.

● Enfin, dans **les sinusites allergiques** (comme pour les rhinites allergiques), on veillera bien au terrain. On utilisera les plantes telles que Cassis, Eglantier, Réglisse, mais aussi les plantes sédatives.

Les otites aiguës

● **Localement** : bien entendu, un certain nombre de cas vont nécessiter une paracentèse. Nous conseillons de mettre 4 fois par jour des gouttes dans les deux oreilles (faire tiédir le flacon au bain-marie), d'une préparation contenant des huiles essentielles d'Origan et de Lavande dans de la glycérine et de l'alcool.

On désinfectera également le nez et la gorge.

● **Par voie générale,** on conseillera :
— plantes antiinflammatoires (Cassis, Vergerette du Canada),
— plantes sédatives (Passiflore, Tilleul, Pavot jaune de Californie),
— plantes de drainage (Bardane, Pissenlit...)
— bien entendu, on accordera une place importante aux huiles essentielles antiseptiques : Niaouli, Thym, Origan, Sarriette, Eucalyptus...)

● **Les otites chroniques** se verront appliquer un traitement similaire à posologie et durée différentes.

Ophtalmologie

Bien entendu, il faudra toujours faire appel au médecin, la moindre inflammation pouvant entraîner des complications importantes.

Les troubles de la vision

Nous commencerons par les troubles simples et courants : la modification de la vision. En dehors des cas où une correction par des verres s'avère nécessaire, il y a des cas de baisse de la vision par surmenage. Les plantes médicinales sont d'un apport intéressant.

● **Pour la vision diurne** on conseillera des plantes telles que la Carotte, le Ginseng, le Romarin, l'Eleutherocoque, le Gingembre, le Fucus. Elles peuvent être prises sous forme de gélules de poudres ou de nébulisats. Exemples de formules :

Ginseng
Carotte

ou

Eleutherocoque
Gingembre

ou

Fucus
Romarin

● **Pour la vision nocturne,** une plante majeure : la Myrtille que l'on peut conseiller en gélules de nébulisat, seule ou associée aux plantes précédentes.

Les conjonctivites

Il s'agit d'une inflammation de la conjonctive. Certaines peuvent être extrêmement graves, pouvant entraîner la cécité. C'est dire la nécessité de prendre toujours un avis médical.

● **Pour les conjonctivites banales,** on conseillera des bains d'yeux, avec par exemple un infusé d'Alchemille. Mettre 50 g de plante entière dans 1/2 litre d'eau bouillante, laisser infuser 15 minutes et filtrer.

On pourra aussi utiliser un **décocté** de Bleuet : faire bouillir 25 g de Bleuet dans 1/2 litre d'eau pendant 3 à 5 minutes et filtrer.

● Toujours par voie externe, on pourra conseiller également l'application plusieurs fois par jour de **compresses** bien humectées du décocté suivant :

Noyer (feuilles)	100 g
Plantain (feuilles)	100 g

Faire bouillir 50 g du mélange dans 300 cc d'eau pendant 10 minutes, laisser infuser et filtrer.

● Dans certains cas, on sera amené à donner également un traitement **par voie interne** avec des plantes antiinflammatoires : gélules de Cassis et d'Harpagophytum. On pourra y associer un traitement antiinfectieux avec des huiles essentielles de Thym, Serpolet, Romarin, Sarriette.

● Les autres infections (**blépharites, orgelets**) peuvent ressortir du même schéma thérapeutique avec des posologies différentes.

La fatigue oculaire

Pour terminer, nous indiquerons pour la fatigue oculaire (surmenage après longues lectures ou travail prolongé sur ordinateurs) des bains d'yeux et des applications de compresses.

● Exemple de **bain d'yeux** avec un décocté :

Rose (pétales)	10 g
Euphraise (plante entière)	50 g
Mauve (fleurs)	50 g

Faire bouillir 20 g de ce mélange dans 250 cc d'eau 10 minutes, laisser infuser 10 minutes et filtrer.

● Exemple de **compresses** à appliquer avec un décocté d'Euphraise. On fait bouillir 30 g de plante entière dans 300 cc d'eau pendant 10 minutes, laisser infuser 5 minutes, filtrer. Laisser la compresse en place pendant 20 à 30 minutes.

La stomatologie

Elle regroupe des affections très diverses de la cavité buccale, c'est-à-dire pouvant atteindre la face interne des joues, les lèvres, les gencives, la langue, le palais (en sont exclues les maladies de la gorge qui sont dans la sphère O.R.L.) ; on y rattache les soins dentaires.

Les aphtes

Affection souvent douloureuse, elles se caractérisent par la présence de petites vésicules arrondies sur une muqueuse rouge avec des ulcérations. Elles siègent habituellement au bord de la langue, à la face interne des lèvres et des joues, sur les gencives.

● On conseillera des **bains de bouche** avec un infusé :

Guimauve (fleurs)	50 g
Ronces (feuilles)	50 g
Noyer (feuilles)	100 g

On mettra 30 g du mélange dans 1/2 litre d'eau bouillante, on laissera infuser 15 minutes. Après filtrage, ajouter dans chaque verre 2 g de borate de soude. Le bain de bouche se fera tiède, 4 fois par jour.

● On pourra également conseiller des **attouchements** de l'aphte avec une préparation à base d'huiles essentielles de Thym, Fenouil, Camomille dans de l'huile d'Amandes douces.

● On pourra être amené à conseiller **par voie interne** des plantes antiinflammatoires telles que Cassis et Vergerette du Canada ou Harpagophytum.

● Enfin c'est une bonne indication de **drainage des émonctoires :** Pissenlit, Bardane, Artichaut.

Le muguet

Affection fréquente surtout chez les enfants, se caractérise par une muqueuse rouge parsemée d'un enduit blanc crémeux.

● **Par voie locale :** on conseillera les bains de bouche à l'eau bicarbonatée suivie d'attouchements avec une préparation d'huiles essentielles de Thym, Sarriette, Origan, Camomille dans de l'huile d'Amandes douces.

● **Par voie générale :** en particulier chez les adultes chez qui le muguet témoignerait d'une moindre résistance, on conseillera des plantes telles que le Cassis, l'Eleutherocoque et le Ginseng.

Les gingivites et stomatites

● Elles vont nécessiter un **traitement local**; *bains de bouche* avec une infusion telle que :

Chêne (écorce)	30 g
Alchemille (feuilles)	30 g
Myrtilles (feuilles)	50 g
Ronces (feuilles)	50 g

On utilisera 20 g du mélange pour 1/2 litre d'eau bouillante. Laisser infuser 10 minutes et filtrer. Faire des bains de bouche tièdes 4 fois par jour.

Après les bains, procéder à des *attouchements* avec un mélange d'huiles essentielles de Thym, Origan, Sarriette dans de l'huile d'Amandes douces.

● **Un traitement général** avec des gélules de plantes antiinflammatoires :

Harpagophytum
Vergerette du Canada

Avec des gélules d'huiles essentielles antiseptiques :

HE Eucalyptus
HE Sarriette
HE Thym

On pourra conseiller également de boire plusieurs tasses par jour de l'**infusion** suivante :

Bardane (feuilles)	30 g
Romarin (feuilles)	30 g
Sarriette (feuilles)	40 g
Thym (feuilles)	40 g

Mettre 50 g du mélange dans un litre d'eau bouillante, laisser infuser 10 minutes et filtrer. On pourra ajouter dans chaque tasse une cuiller à café de Mellite d'Oxyacantha pour son effet sédatif.

Soins dentaires

On a longtemps préconisé d'utiliser la poudre de grains d'Anis vert mélangé à la poudre de charbon de Peuplier noir pour nettoyer et blanchir les dents. Mais les spécialistes déconseillent cette méthode qui risque de rayer les dents.

● Pour **le détartrage** et surtout pour éviter la formation de tartre, on conseille de brosser les dents, la brosse bien humectée d'une décoction d'écorce de Noyer : en faire bouillir 30 g dans 150 ml d'eau pendant 15 minutes, filtrer.

● Pour **les caries :** une plante est intéressante compte tenu de sa richesse en minéraux. Il s'agit de la Prêle que l'on pourra prendre en gélules de poudre ou de nébulisat, ou encore en suspension de plante fraîche.

● **Les névralgies dentaires** sont souvent rebelles, toujours très pénibles. L'adjonction de phytothérapie peut améliorer les traitements classiques et en diminuer les besoins. En dehors du clou de Girofle bien connu, on peut appliquer un tampon trempé dans du jus de feuilles écrasées de Mauve et de Pariétaire (à condition bien entendu de pouvoir disposer de feuilles fraîches).

● **Par voie générale,** on conseillera des gélules de Saule et de Lotier plusieurs fois par jour, ainsi que d'autres plantes sédatives, en particulier Pavot jaune de Californie et Tilleul.

La gérontologie

Les progrès de la thérapeutique et de la diétothérapie permettent un allongement important de la durée de vie. Cela amène bien entendu les médecins à se pencher sur la prévention du vieillissement. Compte tenu de certaines modifications de notre organisme (en particulier au niveau hormonal), le vieillissement s'accompagne d'un certain nombre de troubles. Des processus internes, passant longtemps inaperçus (exemple : le long et lent processus d'athérosclérose qui peut commencer très tôt, mais ne se manifeste qu'à un certain âge par ses complications, en particulier au niveau du cœur et du cerveau).

● Par contre, **la fatigue** est souvent ressentie. On la

préviendra et on la traitera par un certain nombre de plantes comme le Cassis, l'Eleutherocoque, le Ginseng mais aussi des plantes moins importantes, comme le Fenugrec, le Coriandre, le Houblon, la Gentiane, le Cumin.

● On luttera également contre **la déminéralisation** par la Prêle, surtout en suspension de plante fraîche. Le Fucus peut être également d'un bon apport vitaminique.

● Pour **les troubles de la mémoire** fréquemment observés à partir d'un certain âge, et qui semblent dus à une oxygénation insuffisante par défaut d'irrigation, nous conseillons volontiers des plantes telles la petite Pervenche, l'Ail, l'Oignon, le Gingembre, la Prêle...

Les intoxications chroniques

Nous envisagerons, pour terminer, les possibilités de la phytothérapie dans quelques intoxications chroniques.

L'alcoolisme

Il pose le problème de nombreuses intoxications chroniques, c'est-à-dire de la dépendance du sujet par rapport au produit qui l'intoxique. L'alcoolique ne peut arrêter de boire, ni même contrôler sa consommation. Au début du sevrage, on peut même être amené à conseiller une hospitalisation.

La phytothérapie pourra être d'un certain appoint. Elle apportera :

● **Les plantes sédatives** que l'on conseillera en gélules par exemple, de :

Pavot jaune de Californie
Tilleul

ou

Lotier
Passiflore

Ou sous forme de suspension de plantes fraîches de :

Valériane
Mélilot

● **Le drainage des émonctoires** sera fait obligatoirement, avec en particulier : Fumeterre, Artichaut, Pissenlit, Radis noir.

● **On stimulera l'organisme** avec Cassis et Eleutherocoque. On conseillera enfin plusieurs tasses par jour, avec par exemple cette **décoction :**

Bardane (feuilles)	50 g
Rhubarbe (feuilles)	50 g
Persil (feuilles)	70 g

Faire bouillir 50 g de ce mélange 20 minutes dans un litre d'eau. Filtrer et boire tout au long de la journée.

Le tabagisme

Générateur de maladies graves comme certains cancers, ou certaines maladies cardiovasculaires, le tabagisme est aussi difficile à combattre. La prévention par l'information comme pour l'alcoolisme d'ailleurs, serait encore la meilleure arme. En dehors des nombreuses méthodes qui peuvent être conseillées avec plus ou moins de succès (acupuncture, auriculothérapie...) la phytothérapie pourra être d'un apport intéressant.

● Les fumeurs sont souvent fatigués, le tabac détruit la vitamince C. Les défenses du fumeur sont diminuées. On conseillera donc **des plantes riches en vitamine C.** Par exemple des gélules de nébulisats de :

Vigne rouge
Carotte
Myrtille

● **Les plantes sédatives** seront utilisées larga manu, le sevrage entraînant souvent un état d'énervement incontrôlable. On conseillera des gélules de nébulisats :

Passiflore
Aubépine

ou

Pavot jaune de Californie
Tilleul

Ou des suspensions de plantes fraîches de Valériane et Mélilot.

● On ne manquera pas ici aussi de donner **des plantes de drainage :** Pissenlit, Artichaut, Bardane.

● Enfin, dans certains cas, on pourra conseiller **des cigarettes de plantes** pendant la période de début de sevrage : poudres de feuilles de Sureau, d'Arnica, de Bétoine et de Mélisse par exemple.

Conclusion

La lecture de ce chapitre permet d'entrevoir les possibilités de la phytothérapie dans un certain nombre d'affections.

C'est volontairement que nous nous sommes contentés d'envisager les maladies les plus courantes et surtout celles où la phytothérapie peut être d'un apport valable. C'est volontairement également que dans la majorité des cas, nous nous sommes abstenus de donner la posologie exacte des produits les uns par rapport aux autres, d'une part parce qu'il n'y a pas de formulation stéréotypée, les posologies pouvant varier d'un individu à l'autre selon l'âge, le poids etc... et d'autre part, parce que nous sommes opposés à toute automédication. En effet, en dehors de cas extrêmement simples, dont la banalité a été confirmée par un médecin, la plupart des affections peuvent apparaître sous des signes trompeurs.

Pour être le plus clair possible, illustrons notre propos par un exemple très courant.

Certaines personnes, à la suite d'un dîner trop copieux ou autre, ressentent au cours de la nuit une douleur abdominale et plus précisément stomacale assez vive, parfois accompagnée de vomissements, d'une légère élévation de la température et d'une impression de «malaise digestif» pendant deux ou trois jours. Souvent, ces personnes se soignent sans consulter un médecin, en se mettant à la diète et en prenant des médicaments pour aider la digestion. Or, dans un grand nombre de cas, il s'agit d'un infarctus de myocarde à forme abdominale. Et il est moins rare qu'on ne le croit de trouver sur un électrocardiogramme fait de manière systématique, des séquelles d'infarctus passé inaperçu. Seul un interrogatoire très minutieux va permettre de retrouver dans un passé plus ou moins récent cet épisode étiqueté digestif.

Il nous est apparu opportun de citer cet exemple — et, plus largement, d'écrire ce livre pour éclairer le public. En effet, celui-ci est soumis actuellement à un certain nombre d'informations dans le domaine de la santé, dont certaines sont contradictoires. Par ailleur, la diffusion parfois prématurée de certaines «méthodes thérapeutiques» avec des informations partielles incomplètes, donnant lieu par la force des choses à des interprétations erronées, laisse les gens dans l'inquiétude et plutôt désemparés. S'il est un conseil que nous pouvons leur donner, c'est de faire confiance au médecin généraliste qu'ils auront choisi, de lui demander son avis même s'il n'est pas particulièrement rompu à la méthode dont vous lui parlez. Il pourra alors prendre des renseignements sérieux et vous éclairer ultérieurement.

Mais ne vous fiez pas aveuglément à des articles «sensationnels» ou à des publicités déguisées que vous pourrez trouver à droite ou à gauche.

La santé est une chose trop précieuse pour que l'on essaie n'importe quoi. Seules des thérapeutiques éprouvées, soit par les multiples travaux faits en laboratoire, soit par l'expérience séculaire clinique avec des résultats constants, doivent être retenues. Certaines méthodes nouvelles sont peut être intéressantes, mais encore faut-il qu'elles apportent leurs preuves et qu'un certain recul puisse nous conforter quant à leur caractère inoffensif. La phytothérapie, elle, a depuis bien longtemps fait ses preuves...

34 plantes médicinales en vente libre

Redevenues à la mode, les plantes médicinales refleurissent dans les rayons des pharmacies sous forme non seulement de tisanes, mais aussi et surtout de petites gélules et de flacons à partir desquels le praticien obéira aux prescriptions du médecin-phytothérapeute. Mais, si les herboristes sont en voie de disparition, on voit aussi ces plantes médicinales pousser un peu partout, au marché comme au super-marché, dans des boutiques nouvelles qui se créent et qui exploitent ce «courant très porteur», comme l'on dit en langage commercial. Quand ce n'est pas sur l'aire d'une station-service!

Des plantes médicinales, mais pas toutes les plantes médicinales. Le décret n° 79-480 du 15 juin 1979, paru au Journal Officiel le 22 juin 1979, limite en effet à 34 le nombre de celles, qui, inscrites à la pharmacopée française, «peuvent être vendues en l'état par des personnes autres que les pharmaciens et les herboristes».

● **Ces plantes médicinales en vente libre** sont actuellement :
— la Bardane
— le Bouillon blanc
— le Bourgeon de Pin
— la Bourrache
— la Bruyère
— la Camomille
— le Chiendent
— le Cynorrhodon (ou Eglantier)
— l'Eucalyptus
— le Frêne
— la Gentiane
— la Guimauve
— l'Hibiscus
— le Houblon
— la Lavande
— le Lierre terrestre
— la Matricaire
— la Mauve
— la Mélisse
— la Menthe
— la Ményanthe
— l'Olivier
— l'Oranger
— l'Ortie blanche
— la Pariétaire
— la Pensée sauvage
— les Pétales de Roses
— la queue de Cerise
— la Reine des Prés
— les feuilles de Ronces
— le Sureau

— le Tilleul
— la Verveine
— la Violette

Il faut ajouter que ces plantes ne peuvent être vendues mélangées entre elles ou à d'autres espèces à l'exception des suivantes : le Tilleul, la Verveine, la Camomille, la Menthe, l'Oranger, le Cynorrhodon (l'Eglantier) et l'Hibiscus, dont les mélanges sont autorisés.

On voit ici à quel souci a pu obéir le législateur : mettre en vente librement, c'est-à-dire par des non spécialistes un certain nombre de plantes médicinales, parmi celles qui ne concernent que des affections relativement secondaires, et qui puissent à la rigueur être achetées par l'usager sans le recours préalable au médecin : des plantes apéritives (comme la Gentiane), digestives (comme la Menthe), pectorales (comme l'Eucalyptus), voire légèrement diurétiques (comme la queue de Cerises) ou sédatives (comme le Tilleul). Cette liste de 34 plantes en vente libre, jusqu'en 1959, comprenait d'ailleurs aussi des espèces carminatives (elles favorisent l'expulsion des gaz de l'intestin) qui disparurent alors probablement à cause de leur caractère stimulant.

Attention, plantes polluées !

On peut se demander pourtant si cette législation sur les plantes médicinales en vente libre n'est pas quelque peu dépassée.

Il faut d'abord remarquer que, jusqu'ici, seuls certains connaisseurs, certains amoureux des herbes et des plantes, très convaincus de leurs vertus médicinales, poussaient les portes des magasins spécialisés pour acheter une ou plusieurs de ces espèces en vente libre.

Jusqu'au moment où, pour les multiples raisons que nous avons déjà largement analysées, les plantes médicinales sont redevenues à la mode. La clientèle a, dès lors, changé du tout au tout et il faut bien reconnaître que l'acheteur d'herbe médicinale n'est plus forcément aujourd'hui un connaisseur. L'acheteur... et trop souvent le vendeur ! Il s'ensuit que, fréquemment hélas !, l'un, par naïveté, et l'autre, par intérêt, exagèrent et embellissent sans aucun doute les vertus médicinales des 34 plantes en question dont nous savons qu'elles ne peuvent en fait que traiter des affections simples et secondaires.

Ce qui ne peut finalement que nuire à la phytothérapie sérieuse, celle qui est vraiment pratiquée par les médecins spécialistes de la santé par les plantes.

Une autre raison, bien plus importante, ne plaide guère en faveur de la mise en vente libre systématique des plantes médicinales, fut-elle limitée à 34. C'est que la France, très gros consommateur de tisanes — plus de 1 000 tonnes de plantes à infusion vendues en 1982, soit un chiffre qui a doublé en dix ans — la France, donc, produit hélas ! très peu dans ce domaine. A l'heure actuelle, on peut même préciser que 70 % des plantes médicinales que nous consommons sous une forme ou sous une autre sont importées. Or, si les 30 % qui sont cultivées chez nous — à Milly-la-Forêt, près de Paris, à Chemillé en Anjou et du côté de Saint-Rémy de Provence notamment — le sont généralement dans des conditions souvent irréprochables, les pays d'importation sont loin, très souvent, de respecter nos règles à juste titre assez draconniennes.

Pour une plante médicinale, il n'est pas question, par exemple, d'augmenter le rendement par des engrais chimiques. Cette norme respectée, il faut néanmoins s'assurer que la plante, parvenue à maturité, n'a pas été contaminée par les pestiticides qui peuvent venir des terres voisines ou des substances chimiques qui circulent dans l'atmosphère. De plus, le moment précis de la cueillette doit garantir, nous l'avons vu dans un chapitre précédant, des conditions irréprochables de fraîcheur. Et l'éventuel séchage doit être très progressif et lui aussi exempt de tous reproches.

Or, il ne faut pas se faire d'illusions : bon nombre des plantes importées qui arrivent en France sont loin d'être cultivées dans les règles de l'art et de correspondre aux normes françaises.

Il faut dès lors le dire et le dénoncer avec fermeté : vous avez 70 % de chances, lorsque vous achetez une des 34 plantes médicinales en vente libre, d'acheter une plante polluée ! Raison de plus, sans doute, pour voir d'abord un médecin-phytothérapeute qui saura vous conseiller le bon fournisseur ou pour acheter ces plantes sous forme de poudre ou de nébulisat, ces médicaments modernes ayant eux, été fabriqués en France, selon des normes sévères et après des contrôles stricts.

Automédication, danger !

Au demeurant, on peut se demander dans quelle mesure la fameuse liste des 34 plantes en vente libre, qui se voulait limitative, conserve aujourd'hui ce caractère limitatif.

Cette règle, si elle était respectée à l'époque où la phytothérapie ne connaissait pas le regain d'intérêt qu'elle connaît aujourd'hui, est volontiers transgressée de nos jours. La Sauge, par exemple, ne fait pas partie de la liste des 34 et vous l'achetez sans trop de difficultés dans certains marchés ou auprès de certains marchands ambulants, comme ce fut le cas par exemple du magazine de consommation « Que Choisir » qui s'en procura le plus facilement du monde en plein Paris. Même observation pour l'Harpagophytum que l'on peut trouver en vente libre sans trop de mal dans certains magasins de diététique, voire sur l'étal de certains marchands forains.

A supposer, d'ailleurs, que la fonction limitative de la liste des 34 plantes en vente libre soit rigoureusement respectée, cela ne changerait pas grand chose, en vérité. Pourquoi ? Tout simplement parce qu'il existe, nous l'avons vu, de nombreux médicaments à base de plantes, de conception très moderne — les gélules de nébulisat notamment — qui font évidemment appel à de très nombreuses espèces, et pas seulement aux 34 plantes de la fameuse liste (tant mieux puisque, nous l'avons vu, ces dernières ne traitent finalement que des affections secondaires). Il en résulte alors que ce que vous ne pouvez acheter librement à l'état de plante, entière ou en partie, vous pouvez aujourd'hui fort bien l'acheter sous la forme d'un médicament phytothérapique moderne, chez le pharmacien. Rien ne vous interdit de pousser la porte d'une officine et de vous procurer une gélule de nébulisat de Cassis, de Marron d'Inde ou de Vigne rouge.

Ce qu'il ne faut naturellement pas déplorer dans la mesure ou cela prouve, au contraire, l'apparition sur le marché pharmaceutique d'une nouvelle gamme de médicaments phytothérapiques qui tend à s'élargir tous les jours. Mais ce qui ne fait qu'accentuer le caractère dépassé de la règle des 34 plantes. Et surtout, ce qui posera, dans l'avenir, le problème de l'automédication dans le domaine des médicaments phytothérapiques, même si ces derniers, à l'inverse des médicaments chimiothérapiques, sont sans effets secondaires notables.

L'automédication, le mot est lâché. Problème qui commence donc à se poser et qui deviendra un jour capital. Le regain d'intérêt pour les plantes médicinales a en effet son revers de médaille. Attiré par le côté naturel du médicament phytothérapique, persuadé que celui-ci n'aura pas sur lui d'effet secondaires («de toute façon, cela ne pourra pas me faire de mal»), l'usager, le consommateur, manque parfois de discernement et affiche une singulière tendance à vouloir se soigner lui-même. Souvent, il faut bien le dire, après avoir lu tel ouvrage, ou tel article de magazine, qui présentent trop souvent la médecine par les plantes comme une médecine... personnelle.

Or, la médecine, le docteur Moatti l'a fort bien expliqué, c'est d'abord et avant tout le diagnostic. Et un malade, dans la très grande majorité des cas, n'est absolument pas capable d'analyser parfaitement ses troubles ou ses maux au point de faire son «auto-diagnostic». S'il souffre d'un trouble rhumatismal, il ressentira bien évidemment la douleur, la localisera sans mal, mais pour autant il ne saura pas définir de quelle sorte de douleur rhumatismale il s'agit et, surtout, comment il convient de la traiter. Se précipiter chez le pharmacien pour acheter une gélule d'Harpagophytum sous prétexte qu'on a lu dans un magazine un article fort élogieux sur cette «griffe du diable» venue d'Afrique du Sud n'est pas forcément la meilleure des choses à faire.

Méfiez-vous donc de l'automédication, qui n'est pas plus recommandable dans le domaine du médicament phytothérapique que dans celui du médicament chimiothérapique. Moins dangereuse sans doute, mais tout aussi déconseillée. Etabliriez-vous le diagnostic exact — et encore une fois, sans connaissances médicales sérieuses, c'est tout à fait improbable — que vous devriez encore vous «auto-prescrire» la posologie précise.

Interroger le pharmacien? Il est évidemment fort compétent, de par sa formation, en matière de plantes médicinales, donc de médicaments phytothérapiques. Mais il ne pourra vous donner que des indications générales : sans vous examiner — n'oubliez pas que comme l'homéopathie, la phytothérapie est une médecine de terrain où la connaissance du sujet tient une grande place — il ne peut discerner, rien qu'en vous voyant, vos besoins thérapeutiques personnels. Et dans la plupart des cas, le pharmacien — il aura alors bien raison d'agir ainsi — sans vous refuser un conseil global, vous incitera probablement à rendre visite au médecin-phytotérapeute.

Il faut d'ailleurs préciser que ce dernier prescrira rarement une seule plante, sous quelque forme que ce soit, mais une association de plantes, avec des dosages précis que le pharmacien sera chargé de vous préparer. Car seul le médecin-phytothérapeute qui vous aura examiné, saura, en fonction de votre cas personnel, comment, et dans quelles proportions, il pourra par exemple associer l'Artichaut et le Pissenlit pour lutter contre la rétention d'eau ; ou l'Artichaut et la Bourdaine pour lutter contre la constipation. Vous risqueriez, vous, de faire des erreurs qui pourraient tout simplement aller à l'encontre des résultats recherchés.

C'est pourquoi, en matière de médicaments à base de plantes comme en matière de médicaments chimiothérapiques, toute automédication est systématiquement à proscrire.

Les trois économies

En dehors de toutes ces raisons d'ordre purement médical, un autre aspect, et non des moindres, plaide résolument contre l'automédication : il s'agit tout simplement de **l'aspect financier** ! Une gélule de nébulisat de Passiflore que vous aurez achetée parce que vous souffrez de quelques angoisses ou une gélule de poudre de Boldo que vous prenez parce que vous pensez être atteint d'une certaine insuffisance hépatique — à supposer, que vous ne fassiez pas d'erreur de diagnostic — ces gélules, qui vous seront alors vendues sans ordonnance, ne vous seront pas remboursées par la Sécurité Sociale. Le médecin-phytothérapeute, lui, nous l'avons déjà vu en parlant des associations, ne va pas prescrire dans la majorité des cas une gélule simple, mais une gélule composée. Cela s'appelle «une préparation magistrale». Et cette préparation magistrale, précisément, sera remboursée par la Sécurité Sociale au même titre qu'un médicament classique, la vignette étant alors remplacée par un numéro d'ordre (le numéro correspondant à la préparation) qui sera indiqué sur l'ordonnance par le pharmacien.

Puisque nous abordons le chapitre financier, il est d'ailleurs peut-être bon d'aborder franchement le problème du coût de la consultation du médecin-phytothérapeute. Est-il plus élevé que celui qui est pratiqué par le médecin-généraliste, ou le médecin allopathe? Sans doute, dans la mesure où le médecin-phytothérapeute a dû entreprendre un certain nombre d'études complémentaires qui lui ont demandé du temps... et de l'argent. Sans doute aussi parce que le nombre de médecins-phytothérapeutes n'est pas encore très important. Mais il est bien évident qu'avant de consulter un spécialiste de la médecine par les plantes, vous devez vous renseigner afin de savoir si celui-ci est conventionné ou non. Cette précaution prise, vous devrez également savoir si, quoique conventionné, il entre ou non dans une catégorie appelée D.P. (dépassement permanent) qui l'autorise à pratiquer un tarif supérieur à celui de la visite classique, — la Sécurité Sociale, on le sait, remboursant sur cette seule base et non au-delà, même si l'on a payé beaucoup plus cher. En possession de tous ces éléments, à vous de choisir. Mais ce qui est vrai pour le médecin-phytothérapeute l'est aussi actuellement pour l'homéopathe ou l'acupuncteur et en fait, pour tous les allopathes. Nombre de patients préfèrent d'ailleurs, c'est bien connu, aller chez un médecin en qui ils ont confiance, quitte à payer un peu cher.

Cet aspect général des choses ne concerne au demeurant que le prix de la consultation. Côté prix des médicaments, la phytothérapie — outre qu'elle n'est pas exclue du champ des remboursements de la Sécurité Sociale — a plutôt tendance à être moins chère que la médecine classique.

Comparons deux ordonnances dans deux affections différentes :

1) *Vous souffrez de quelques troubles veineux.* Le médecin généraliste va vous prescrire un traitement classique allopatique à base de flavonoïdes sous forme de comprimés : quatre par jour pendant un mois. Coût de la facture chez le pharmacien, environ 150 F. Le médecin phytothérapeute, lui, demandera au pharmacien de vous préparer des gélules composées d'Hamamélis (0,10 g) et de Vitis vinéféra (Vigne rouge) 0,10 g également que vous prendrez, là aussi, à raison, de 4 gélules par jour pendant 1 mois. Coût de l'ordonnance (qui sera également remboursée par la Sécurité Sociale puisqu'il s'agit d'une préparation magistrale) : environ 70 F!

2) *Vous souffrez de troubles cardiaques,* et, plus précisément, d'extrasystoles. Le médecin allopathe va vous conseiller de prendre trois comprimés par jour pendant un mois d'un produit allopathique, le dysopyramide par exemple. Coût de l'ordonnance : environ 125 F. Le phytothérapeute, lui, prescrira de l'Aubépine en poudre, trois gélules par jour pendant un mois, coût de l'ordonnance environ 65 F...

On le voit donc, la médecine phytothérapique est incontestablement une médecine économique. Pas seulement d'ailleurs en terme d'argent. Mais également **en terme d'utilisation de produits**. Supposons par exemple qu'un malade soit traité pour une affection rhumatismale. Le médecin allopathe va prescrire un antiinflammatoire... qu'il devra compléter très souvent par un protecteur gastrique, pour prévenir les effets secondaires de l'antiinflammatoire ! D'où, bien entendu, une plus grande utilisation de médicaments et une dépense supplémentaire. Or, il ne faut pas se le dissimuler : si, dans bien des cas, les ordonnances des médecins allopathes sont chargées, c'est que la plupart des remèdes chimiothérapiques sont responsables d'effets secondaires qui, même légers, doivent être combattus par d'autres remèdes !

Du même coup, il est facile et juste d'affirmer que la phytothérapie, parce qu'elle ne déclenche pas ces phénomènes de maladies iatrogènes, ces phénomènes d'effets secondaires, **économise aussi, d'une manière générale la santé des patients** qu'elle prend en main.

Economie de prix de revient qui se matérialise dès le départ sur l'ordonnance, économie d'utilisation de produits, économie de santé : à l'heure où l'on parle tant de réduire les dépenses pharmaceutiques et médicales pour ne pas gruger le budget toujours en péril de la Sécurité Sociale, voilà une triple économie qui devrait faire réfléchir les gestionnaires de notre santé.

101 plantes et leurs vertus médicinales

La nature est ainsi faite que toutes les plantes, ou presque, possèdent des propriétés thérapeutiques, et des vertus médicinales. Mais il va de soi qu'on ne les utilise pas toutes : certaines peuvent faire double emploi, être moins efficaces, ou parfois même, pourquoi ne pas le dire, dangereuses (il y a aussi des plantes toxiques). A l'heure actuelle, le nombre de plantes utilisées médicalement dans les seize pharmacopées européennes sont d'environ quatre cents. Et la pharmacopée française, elle, se contente d'en inscrire la moitié à son palmarès phytothérapique. L'éventail se rétrécit encore quand nous aurons précisé que sur ces deux cents plantes à usage médicinal, une centaine sont le plus fréquemment utilisées parce qu'elles présentent un intérêt thérapeutique certain et cliniquement vérifié.

Ce sont ces plantes que nous passons en revue dans la

petite liste qui suit afin que vous puissiez vous y retrouver d'un seul coup d'œil, à l'exception de quelques légumes du jardin que nous traitons à part dans le chapitre suivant.

Entre parenthèses, nous avons indiqué à chaque fois la partie de la plante qui est précisément utilisée par les spécialistes sous forme de tisanes ou, le plus souvent, de façon plus moderne, sous forme de poudres, de nébulisats, de suspension de plantes fraîches, de phytols, etc...

Différentes propriétés

Antilithiasique : dissolvant de l'acide urique et des calculs.
Béchique : calme la toux.
Cholérétique : augmente la sécrétion de la bile.
Emmanagogue : provoque ou régularise le flux menstruel.
Emollient : amollit les tissus.
Eupeptique : facilite la digestion.
Fébrifuge : calme la fièvre.
Hémostatique : combat les hémorragies.
Hépatoprotecteur : action protectrice sur le foie.
Stomachique : favorise la fonction gastrique.
Vulnéraire : favorise la guérison des blessures et contusions.

Les 101 plantes

Aigremoine (feuilles et sommités fleuries)	Vulnéraire

Alfalfa (feuilles)	Revitalisante, reminéralisante
Angélique (racines)	Eupeptique
Armoise (feuilles)	Emmanagogue
Arnica (feuilles et fleurs)	Vulnéraire
Aubépine (sommités fleuries)	Sédatif cardiaque
Aubier de tilleul (écorce)	Antilithiasique
Aunée (racines)	Antispasmodique respiratoire
Badiane (fruits)	Antiaérophagique
Bardane (racines, feuilles)	Dépurative
Boldo (feuilles)	Stimulant digestif
Bouillon blanc (fleurs, feuilles)	Emollient et antitussif
Bouleau (feuilles, écorce)	Diurétique et fébrifuge
Bourrache (fleurs)	Pectorale, antitussive
Bourdaine (écorce)	Laxative
Bourse à Pasteur (plante entière)	Hémostatique
Bruyère (sommités fleuries)	Antiseptique urinaire
Busserole (feuilles)	Antiseptique urinaire
Camomille (fleurs)	Pectorale et diurétique
Carragaheen (algue entière)	Amaigrissante (coupe-faim)
Cassis (feuilles)	Antirhumatismal
Cerisier (queues)	Diurétique
Chardon Marie (fruits)	Hépatoprotecteur
Chiendent (rhizomes)	Diurétique
Clématite (fleurs)	Antirhumatismale
Curcuma (rhizomes)	Cholérétique
Coquelicot (fleurs, graines)	Pectoral, expectorant
Coriandre (graines)	Stomachique
Cynorrhodon (baies) ou Eglantier	Tonique

Cyprès (galbules);	Tonique veineux (ménopause)
Eleuthérocoque (racines)	Stimulant
Eschscholtzia (plante entière)	Sédative hypnotique
Fenouil (fruits)	Eupeptique
Fragon ou **petit Houx** (rhizomes)	Tonique veineux
Fraisier (rhizomes, feuilles)	Antidiarrhéique (rhizomes) et antirhumatismal
Frêne (feuilles)	Diurétique
Fucus (algue entière)	Amincissant
Fumeterre (plante entière fleurie sans racines)	Tonique dépuratif
Gattilier (fleurs et sommites fleuries)	Décontractant
Gentiane (racines)	Tonique fébrifuge
Germandrée (plante fleurie)	Tonique et cholérétique
Gingembre (rhizomes)	Stimulant
Ginseng (racines)	Stimulant aphrodisiaque
Gui (feuilles)	Hypotenseur
Guimauve (racines, feuilles, fleurs)	Emolliente, antitussive
Hamamélis (feuilles, écorce)	Tonique veineux
Harpagophytum (racines)	Antirhumatismal
Houblon (cônes)	Sédatif emménagogue
Hysope (feuilles, sommités fleuries)	Fluidifiante, expectorante
Ispaghul (tégument de la graine)	Emollient intestinal, draineur de la peau
Lavande (sommités fleuries)	Antispasmodique
Laurier (feuilles)	Sédatif expectorant

Lierre terrestre (plante fleurie)	Béchique, expectorant
Lierre grimpant (feuilles)	Amincissant
Marronier d'Inde (écorce)	Tonique veineux, fluidifiant sanguin
Matricaire (fleurs)	Antispasmodique
Mauve (racines, feuilles, fleurs)	Emolliente
Mélisse (feuilles)	Sédative
Menthe (sommités fleuries)	Digestive
Millefeuille (plante fleurie)	Vulnéraire
Millepertuis (fleurs)	Vulnéraire, décongestionnant
Mélilot (tiges fleuries)	Sédatif et tonique veineux
Myrtille (baies)	Tonique veineux, fluidifiant sanguin
Noyer (feuilles, brou)	Dépuratif
Olivier (feuilles, fruits)	Hypotenseur léger
Oranger (fleurs et feuilles)	Sédatif léger
Origan (fleurs)	Sédatif antispasmodique
Ortie blanche (plante entière)	Antigoutteuse
Orthosiphon (feuilles, rameau)	Antilithiasique et diurétique
Pariétaire (feuilles)	Diurétique
Passiflore (partie aérienne)	Sédative
Pensée sauvage (fleurs)	Dépurative
Petite Centaurée (sommités fleuries)	Stimulante de la digestion
Pied de chat (graines)	Béchique et adoucissante
Piloselle (plante entière)	Diurétique
Pin sylvestre (bourgeons)	Antiseptique respiratoire
Plantain (feuilles)	Antitussif
Polygala (racines)	Expectorante

Prêle des champs (tiges, feuilles)	Reminéralisante
Réglisse (racines)	Antigastralgique
Reine des Prés (sommités fleuries)	Antirhumatismale
Romarin (feuilles et fleurs)	Stimulant
Salsepareille (racines)	Diurétique
Saponaire (feuilles, racines)	Dépuratif puissant
Sauge (feuilles)	Hépatoprotectrice
Sarriette (feuilles)	Stomachique, vermifuge
Saule (feuilles, chatons)	Sédatif et fébrifuge
Séné (gousses, folioles)	Purgatif
Serpolet (fleurs et feuilles)	Vulnéraire
Soja (graines)	Revitalisant
Souci (fleurs et feuilles)	Vulnéraire
Sureau noir (fleurs, fruits, écorce)	Diurétique
Thym (tiges fleuries)	Protecteur hépatique
Tilleul (fleurs)	Sédatif
Tussilage (fleurs)	Adoucissante expéctorante
Valériane (rhizomes)	Sédative
Verge d'Or (sommités fleuries)	Diurétique
Vergerette du Canada (partie aérienne de la fleur)	Antiinflammatoire
Verveine (feuilles)	Digestive
Vigne rouge (feuilles)	Tonique veineux
Violette (racines, fleurs)	Emolliente

Peut-on se soigner… dans son jardin ?

Si l'on a parfois qualifié la nature tout entière de « Jardin du Bon Dieu », à cause des vertus médicinales que possèdent les plantes diverses qui y croissent comme herbes folles, que dire, alors, du jardin, ce lopin de terre domestiqué par l'homme ?

Comme les plantes, sauvages ou non, qui poussent çà et là, les légumes, cela ne surprendra personne, possèdent eux aussi des propriétés thérapeutiques.

Même si bien des jardiniers de tous les jours l'ignorent, *la Tomate*, par exemple, est excellente contre la goutte grâce à son pouvoir alcalinisant, la goutte, on le sait, étant provoquée par un excès d'acide urique.

Le *Radis*, quant à lui, outre le fait qu'il apporte son comptant de vitamines C et P ainsi que des oligo-éléments et notamment de l'iode et du magnésium, véhicule une essence sulfurée à l'action cholagogue, entendez qui favorise la sécrétion biliaire.

De son côté, *le Haricot*, qui s'est toujours vu attribuer, et à juste titre, des propriétés diurétiques non négligeables dès qu'on le consomme sans graines, c'est-à-dire vert, se voit reconnaître depuis peu un effet hypoglycémiant certain (faculté de diminuer le sucre dans le sang) ces deux vertus provenant du fait qu'il contient un acide aminé fort efficace.

Pour autant, jardiniers et consommateurs auraient tort de laisser courir leur imagination dans les allées de ces jardins et de croire qu'il suffit de manger des légumes à profusion pour être guéris de tels ou tels maux. N'exagérons rien! C'est vrai que le Pissenlit constitue un excellent diurétique, que l'Artichaut agit sur le foie et diminue le taux de cholestérol dans le sang. Mais soyons réalistes! A supposer même que vous ayez parfaitement posé votre propre diagnostic, que vous sachiez de façon précise de quoi vous souffrez et comment vous soigner, ce n'est sûrement pas en vous contentant d'absorber le légume censé posséder les vertus médicinales propres à vous soulager que vous guérirez totalement. Pour une bonne et simple raison : il vous faudrait manger des tonnes et des tonnes de tel ou tel légume pour absorber la quantité de principes actifs nécessaire à votre guérison totale!

C'est pour cela que l'homme a, depuis la nuit des temps, cherché à extraire les principes actifs en question et à les concentrer. Il y est parvenu, on le sait, puisque le résultat de ses travaux s'appellent huiles essentielles, extraits, poudre de plantes, nébulisats, etc, etc...

Il n'en demeure pas moins, bien entendu, que l'homme atteint de goutte ou de rhumatismes aura tout intérêt, pour compléter harmonieusement un traitement médical, à consommer régulièrement des Tomates; que la Carotte sera tout indiquée pour les enfants en mal de croissance; que le Persil sera parfaitement conseillé aux organismes un peu fatigués pour son apport en calcium, en phosphore, en fer et en vitamines C.

La petite liste qui suit vous permettra d'apprécier à sa juste valeur les vertus médicinales, parfois trop injustement ignorées, des légumes les plus classiques de nos jardins.

Mais ne lui donnez pas plus d'importance qu'elle n'en revêt. Encore une fois, il ne s'agit pas de considérer le jardin comme une véritable pharmacie, comme le moyen de se soigner soi-même de façon miraculeuse. Ne manger que tel ou tel légume en fonction de telle ou telle affection serait parfaitement déraisonnable dans la mesure où vous risqueriez bien évidemment de déséquilibrer votre alimentation de tous les jours.

Le médecin phytothérapeute, outre les efficaces médicaments-plantes très concentrés qu'il vous proposera, saura vous dire s'il y a lieu de modifier ou non votre régime alimentaire.

La liste que nous publions ci-dessous n'est donc là qu'a titre purement informatif...

L'Ail est bien connu pour ses propriétés vermifuges. On dit aussi volontiers de lui qu'il «est bon pour le sang», ce qui est vrai. Précisons tout de même : il diminue dans le sang le taux des lipides et de cholestérol. Il aura aussi un effet bénéfique en cas d'hypertension.

L'Artichaut est actuellement très utilisé dans la phytothérapie sous forme de gélules de nébulisat, et dans les suspensions de plantes fraîches par exemple. Lui aussi diminue le taux de lipides et de cholestérol dans le sang. Il agit efficacement sur le foie et constitue un excellent diurétique.

Le Basilic a les mêmes propriétés que le thym, à savoir qu'il est d'abord antiseptique, antitussif et antispasmodique.

La Carotte, outre les qualités que nous lui connaissons déjà et qui lui permettent de remédier aux carences en vitamines A des enfants en mal de croissance, la Carotte possède aussi la propriété d'augmenter l'acuité visuelle. Elle joue encore un rôle certain dans la pigmentation de la peau au point que l'on use et abuse peut-être un peu trop actuellement de ces produits à base de carotène qui permettraient de bronzer quasiment sans soleil!

Le Céleri, rave comme en branches, peut être considéré comme un bon dépuratif du sang et un draineur du foie, des reins et des poumons.

Le Cerfeuil, très riche en calcium a des effets dépuratifs et diurétiques, voire légèrement laxatifs s'il est consommé cru.

Le Chou se voyait attribuer par Caton mille et une vertus. C'est sans doute exagéré, mais il est vrai qu'il a comme première propriété de régulariser les fonctions intestinales... à condition de le préparer sans excès de graisse. On a surtout découvert chez lui un acide aminé proche de la méthionine, principe antiulcéreux souverain dans les gastrites, brûlures stomachales, hernies hiatales, etc...

Le Concombre, grâce à sa pulpe rafraîchissante a la faculté de soulager les inflammations. Mais on ne l'utilise plus guère médicalement. En revanche, il entre assez souvent dans la composition d'excellents produits de beauté du commerce.

Le Cresson est bien connu pour ses propriétés antiscorbutiques. La maladie ayant regressé, il n'est plus guère utilisé contre elle. Mais il conserve ses qualités de dépuratif, d'antianémique et de draineur des reins et des bronches, à condition de le consommer cru, la chaleur évaporant ses principes actifs.

L'Echalote : a les mêmes propriétés que l'Oignon et la Ciboulette. Voir à Oignon.

Les Epinards font évidemment penser à Popeye. Sa réputation (les Arabes l'appelaient le Prince des Légumes) vient de sa teneur en fer et en vitamines antianémiques. Méfiance tout de même : il n'est pas conseillé aux goutteux et aux arthritiques.

L'Estragon, sous forme d'infusion, aide à la digestion. Il a aussi des propriétés vermifuges.

Le Fenouil, et plus précisément ses fruits, est de nos jours médicalement employé (sous forme de poudre de plantes) pour aider les digestions difficiles et soulager les aérophagies. On a un peu abandonné la décoction de racines aux effets diurétiques.

Le Haricot, nous l'avons vu, possède des vertus hypoglycémiantes. Mais ce n'est pas tout : des travaux ont permis d'établir qu'il peut combattre la diminution de globules blancs. Mieux : des spécialistes ont découvert récemment que vous pouvez, sans hésiter, consommer le Haricot vert... avec ses fils, ceux-ci contenant beaucoup d'inosites, souverains pour redonner du tonus aux cœurs qui battent la chamade !

La Laitue présente l'avantage de contenir toutes les principales vitamines. Pas étonnant que nos ancêtres lui aient conféré toutes les vertus ! Rafraîchissante, émolliente, elle a surtout la particularité de contenir du lactucarium, hynoptique léger qui agit comme calmant. Le docteur Leclerc, père de la médecine par les plantes de notre siècle, la recommandait le soir pour les enfants. Pourquoi ne pas suivre son conseil ?

Les Lentilles se sont faits voler la vedette par Popeye. Dommage parce qu'elles contiennent, elles aussi, beaucoup de fer. Peut-être un argument pour en faire manger à vos chérubins ?

Le Maïs, en l'occurrence les fameuses barbes tant appréciées dans les jeux d'enfants, ont une action diurétique incontestable. On les utilise en infusion ou en décoction à raison de 10 g par litre mais souvent associées au Chiendent, à la queue de Cerises et la Réglisse.

Le Navet n'a pas, c'est vrai, très bonne réputation. On peut dire pourtant que l'expression « sang de navet » est tout à fait injustifiée. Riche en vitamines et en oligo-éléments, il est en effet, dans l'alimentation classique, un des légumes les plus recommandés contre l'anémie ! Dites-le autour de vous.

L'Oignon, dont Discoride et Pline l'ancien chantaient déjà les vertus, est à ce point connu comme un excellent diurétique qu'on a dit à son propos qu'il fait pleurer les yeux et les reins. C'est vrai, mais il faut aussi ajouter qu'il est un excellent désinfectant de l'intestin, hypoglycémiant, antiscorbutique et stimulant pour l'appétit. Consommé frit ou bouilli, il possède même des vertus fluidifiantes du sang et diminue les risques de thrombose et d'infarctus, comme viennent de l'établir des chercheurs britanniques. Quant aux chercheurs français, eux, ils ont montré que l'Oignon a une action intéressante sur le cholestérol.

Le Pissenlit est une des plantes les plus utilisées actuellement pour les besoins de la phytothérapie moderne puisqu'on le trouve dans les pharmacies sous forme de poudre, de nébulisat et de suspensions de plantes fraîches notamment. Par ses feuilles et par ses racines, il donne d'excellents résultats dans les troubles biliaires en même temps qu'il agit préventivement contre les calculs. Dépuratif de premier ordre, il vient en aide aux digestions difficiles tout en combattant efficacement la cellulite.

Le Poireau se voyait attribuer par Hippocrate et l'Ecole de Salerne des vertus fécondatrices pour la femme. Néron en faisait des cures pour traiter ses inflammations respiratoires. De nos jours, on se contente de l'utiliser, en bouillon le plus souvent, comme diurétique.

Le Radis a, on le sait déjà, une action cholagogue certaine, autrement dit : il augmente la secrétion de la bile. Voilà donc un excellent draineur pour les hépatiques ainsi qu'un médicament naturel recommandé pour les fermentations intestinales. Mais soyons réaliste : le radis rose ou noir que vous consommerez sur votre table sera sûrement moins efficace que les gélules de nébulisat de radis noir prescrites par le médecin-phytothérapeute.

La Tomate, on ne le sait peut-être pas assez, est capable en une journée (et deux tomates moyennes suffiront pour cela) de fournir la totalité de la vitamine C qui aide à résister aux microbes en même temps que la moitié de la vitamine A nécessaire — celle qui sert à la croissance. Et si elle est le légume qui contient le plus d'acide urique, elle a un tel pouvoir alcalinisant qu'elle élimine non seulement son propre acide urique mais aussi celui du sujet, goutteux ou rhumatisant, qui cherche à s'en débarrasser !

La fin des herboristes

Etrange, très étrange paradoxe : c'est à l'époque où renaît l'engouement pour la médecine par les plantes que disparaissent les dernières herboristeries. Il faut en effet savoir que le diplôme d'herboriste a été supprimé en France sous le gouvernement de Vichy, plus précisément le 11 septembre 1941, l'ordonnance du 23 mai 1945 étant venue valider cette décision officielle dont les dispositions sont d'ailleurs inscrites dans l'article 659 du Code de la Santé Publique. De 1941 à nos jours, il s'est déroulé un peu plus de 40 ans et si, à la fin de la deuxième guerre mondiale, les herboristes qui tenaient boutiques étaient encore nombreux on n'a aucun mal à imaginer que beaucoup, depuis, ont disparu. Beaucoup, et même la plupart. Ne vous faites aucune illusion : si vous apercevez, aujourd'hui, un herboriste jeune, c'est qu'il travaille pour un herboriste fort âgé resté propriétaire de son magasin. Les vieux herboristes d'hier, ceux qui ont encore légalement le droit d'exercer, c'est la loi cruelle du genre humain, disparaissent les uns après les autres. Et demain, très bientôt, on peut prévoir sans se tromper qu'il n'en restera plus un seul en France...

Pourquoi avoir supprimé le diplôme d'herboriste et du même coup les herboristes eux-mêmes? A l'heure où la phytothérapie devient une forme de médecine comme les autres, on est évidemment tenté, quelque quarante ans plus tard, de se poser la question. Question à laquelle les pharmaciens et le Ministère de la Santé répondent sensiblement dans les mêmes termes : «La suppression du diplôme d'herboriste? Elle n'a pas été décidée sans raisons. Autrefois, avant 1941 et depuis la loi de Germinal qui avait créé officiellement la profession, l'herboriste exerçait en même temps que le pharmacien. C'est précisément ce qui provoquait une situation anormale, anarchique même, qu'il a bien fallu faire cesser. En effet, s'ils connaissaient les plantes, les herboristes n'avaient pas vraiment une connaissance médicale approfondie des plantes. Au terme de la loi, ils ne pouvaient délivrer que des plantes «indigènes ou acclimatées» à l'exception de celles figurant sur un tableau de plantes vénéneuses. D'autre part, ils ne pouvaient délivrer de mélanges préparés à l'avance sauf dérogations accordées par arrêté ministériel pour certaines espèces digestives, pectorales, rafraîchissantes, stomachiques et vulnéraires (mais bien entendu, cette loi — qui est d'ailleurs toujours en vigueur — était rarement respecté). Beaucoup d'herboristes jouaient volontiers les pharmaciens, voire les médecins, sans en avoir la formation. Rétablir le diplôme d'herboriste, équivaudrait à revenir à cette situation d'anarchie...»

Les pharmaciens font d'ailleurs remarquer que la profession d'herboriste créée à l'origine par la loi de Germinal, avait alors été mise sous la tutelle des écoles de pharmacie et qu'elle est donc bien une spécialité de pharmacien. Et ils ajoutent que représentant environ

20 000 points de vente en France, ils sont tout à fait aptes à reprendre le flambeau, une enquête de leur Conseil de l'Ordre ayant d'ailleurs établi que 60 % d'entre eux étaient favorables à la vente de plantes et de médicaments phytothérapiques. Enfin, concluent-ils, il ne faut pas perdre de vue que la médecine par les plantes — c'est ce que nous avons vu tout au long de cet ouvrage — ne se limite plus aux tisanes, qui tendent au contraire à être remplacées par des médicaments de forme beaucoup plus modernes, des médicaments bien moins encombrants. Il n'est donc plus nécessaire de stocker des grandes quantités d'herbes en l'état, en bocaux ou en sachets, comme le faisaient autrefois les herboristes. La médecine par les plantes, aujourd'hui, ce sont des gouttes, des teintures-mères, des poudres, des gélules de nébulisat, des préparations, bref tout un arsenal contemporain concentré en principes actifs qui entre parfaitement dans le cadre de la spécialité pharmaceutique… »

Alors, la fin sans retour des herboristes ? On a tout lieu de le supposer, même si les médecins-phytothérapeutes, qui se placent parfois sur un plan plus humaniste, ne sont pas toujours défavorables au rétablissement du diplôme. « Il n'est pas question, disent-ils, de contester la connaissance approfondie des pharmaciens pour les herbes et les plantes médicinales. Mais nous sommes également bien placés pour constater le renouveau d'intérêt du grand public en faveur de la phytothérapie. Or, ce renouveau ne s'exprime pas seulement au niveau de la clientèle : il arrive souvent que des jeunes, sans travail au sortir de leurs études secondaires ou supérieures, nous demandent le plus naïvement du monde, ce qu'il convient de faire pour devenir herboriste. Nous devons bien leur répondre qu'il n'y a hélas ! rien à faire et, qu'au terme de la loi en vigueur, ils doivent d'abord devenir pharmacien ou médecin phytothérapeute s'ils veulent s'occuper sérieusement de plantes médicinales ! Et nous trouvons alors qu'il est parfois dommage de décevoir ces jeunes, de contrarier même, pour certains d'entre eux, une vocation certaine. C'est vrai, le problème n'est pas facile et il conviendrait évidemment, si l'on rétablissait le diplôme d'herboriste, d'organiser un cycle d'études calqué sur celui des pharmaciens, un cycle spécifiquement basé sur les plantes médicinales. En tout cas, cela éviterait peut-être certains abus qui tendent hélas ! à se généraliser et qui voient de simples gestionnaires de magasins de produits diététiques, des employés de rayons de grandes surfaces, voire des forains sur le marché, se transformer en « herboristes », au travers des 34 plantes en vente libre notamment, et jouer volontiers... les conseillers thérapeutes !... »

Que les nostalgiques des bonnes vieilles herboristeries, où les senteurs de plantes le disputaient au plaisir des yeux, ne se fassent cependant pas trop d'illusions. Il est probable que la thèse des pharmaciens, parfaitement organisés et parfaitement fondés à faire valoir et leurs compétences en matière de plantes médicinales et leur capacité à proposer tout l'éventail des médicaments phytothérapiques, il est probable, donc, que leur thèse l'emportera et que le diplôme d'herboriste ne sera pas rétabli. Mais dans ce cas, si l'on admet que l'herboristerie du bon vieux temps et ses rayons de plantes à tisanes ne correspondent plus à la notion de phytothérapie moderne, il faut évidemment enrayer, et au plus vite, la prolifération de ces fausses herboristeries qui se développent aujourd'hui et qui ne donnent assurément pas de l'actuelle médecine par les plantes une image très contemporaine.

La phytothérapie, demain : une médecine… comme les autres

Parvenu au stade final de notre ouvrage, il était logique que nous nous posions la question : quel est l'avenir de la phytothérapie ?

Sans optimisme exagéré, il n'est pas très difficile de prédire à la médecine par les plantes un avenir très souriant… et quelques grosses difficultés !

L'avenir souriant, il est d'abord dans les techniques de fabrication des nouveaux médicaments phytothérapiques, dans cette avancée scientifique formidable des remèdes modernes à base de plantes, qui ne sont peut-être pas encore très connus, mais qui, dans quelques années, tailleront probablement de belles croupières aux remèdes chimiothérapiques. Les suspensions de plantes fraîches, les phytols, les nébulisats et, demain, toutes ces nouvelles plantes-médicaments qui sortiront des laboratoires spécialisés, ont assurément de beaux jours devant elles, parce qu'elles n'ont pas d'effets secondaires néfastes, parce qu'elles correspondent à une demande accrue du consommateur, parce que les journaux, les médias, les rubriques médicales aujourd'hui les plus réticentes, les feront connaître au grand public.

L'avenir souriant, il est encore dans l'évolution favorable des médecins généralistes les plus conservateurs, impressionnés par une demande de plus en plus pressante de la part d'une clientèle qui découvre, à côté de la classique et sérieuse allopathie, des formes de médecine parfois mieux adaptées au cas de tel ou tel patient.

Belle occasion pour citer ici l'exemple de l'IEPMG, l'Institut d'Enseignement de Phytothérapie et de Médecine Globale. En 1981, à Paris, le Syndicat National des Phyto-Aromathérapeutes suscite en effet la création d'un cours portant sur la phytothérapie destiné aux médecins, pharmaciens, dentistes, biologistes et vétérinaires. Pour qu'il soit le plus ouvert possible, ses créateurs décident qu'il sera gratuit et qu'il aura lieu, à raison d'une fois par mois, le dimanche toute la journée. Succès immédiat ! A l'heure actuelle, chaque session parisienne reçoit plus de 700 médecins généralistes qui entendent ajouter à leur arc allopathie une corde phytothérapie et qui, dans la plupart des cas, n'ont pas su répondre à une demande de leur clientèle les interrogeant sur la médecine par les plantes. 700 médecins à Paris, mais aussi plus de 150 à Marseille où le même cycle de cours a été organisé par l'IEPMG, ainsi, d'ailleurs qu'à Nice et à Montpellier !

Pour être objectif, il faut d'ailleurs signaler qu'il existe à Paris un autre cycle d'enseignement similaire, celui de la Société Française de Phyto-Aromathérapie. Et pour être tout à fait objectif, il faut ajouter qu'il existe une foule de petits enseignements plus ou moins sérieux (et plutôt moins que plus), d'ailleurs parfois ouverts aux non médecins, qui se sont bien entendu engouffrés dans la brèche du renouveau d'intérêt dont bénéficie actuellement la médecine par les plantes. Pour notre part, nous nous en tiendrons à ces deux exemples, celui de l'IEPMG et celui de la SFPA, dans la mesure d'abord où il s'agit d'associations sérieuses, dans la mesure aussi où celles-ci ont passé un accord sans doute très important pour l'avenir de la médecine par les plantes. Ces deux organismes ont en effet décidé d'harmoniser leurs cycles d'enseignement en leur donnant la même durée, qui est de trois ans, ceci dans le but bien précis de l'aligner sur celui qui est dispensé, pour la plupart des CES (Certificats d'Enseignements Spécialisés). Chacun, il faut le préciser, garde son cycle propre d'enseignement; mais, outre une durée de cours aujourd'hui analogue, chacun enseigne à partir des mêmes documents pédagogiques de base. Même programme, même durée, ces deux cycles d'Enseignement ont également décidé de délivrer un diplôme commun, un diplôme de phytothérapie clinique qui aura valeur nationale et qui sera accordé après double correction d'un jury comprenant des membres de l'IEPMG et de la SFPA ainsi qu'un professeur de Faculté de Médecine et un professeur de la Faculté de Pharmacie. Et, surtout, point d'accord plus important encore : ces deux associations ont donné mandat au Syndicat National des Phyto-aromathérapeutes pour que ce dernier effectue toutes les démarches nécessaires auprès du Conseil de l'Ordre des Médecins d'une part, auprès des Ministères concernés d'autre part (l'Education Nationale et la Santé), afin de donner à leur diplôme commun valeur de diplôme officiel...

Car c'est bien ici que le bât blesse, ou, plutôt, que la

phytothérapie, très en vogue sur le plan grand public, connaît encore de grosses difficultés sur le plan officiel. En effet, la phytothérapie n'est pas encore officiellement reconnue. Ce qui signifie qu'un médecin allopathe, même s'il est très compétent en matière de médecine par les plantes, ne peut ajouter sur sa plaque ou sur son ordonnance le terme «phytothérapeute». Attitude officielle d'autant plus incompréhensible et retrograde que les médicaments phytothérapiques ont largement prouvé leur efficacité — au demeurant, près de 50 % des médicaments chimiothérapiques de synthèse sont à base de plantes! — et que, nous l'avons vu, la Sécurité Sociale les rembourse dès lors qu'il s'agit d'une préparation magistrale.

Au demeurant, cette attitude pour le moins réservée — plus encore par le Conseil de l'Ordre des Médecins que par le Ministère de la Santé — ne se place pas sur le plan de l'efficacité de la phytothérapie (alors que l'on conteste encore, le manque de preuves scientifiques fournies par l'homéopathie par exemple). Principal reproche adressé par les instances officielles et médicales à la phytothérapie en particulier, aux médecines dites «naturelles» en général : «Vous n'êtes pas toujours très sérieux. Vous évoluez dans un monde de marginaux, pour ne pas dire parfois de charlatans, qui profitent de la naïveté du grand public pour prétendre guérir autrement, sur des bases qui n'ont rien de très médical...»

Tout cela est vrai, encore que parfois très exagéré. Mais les phytothérapeutes, les vrais, les médecins phytothérapeutes plus précisément, n'y sont pour rien et sont les premiers à le regretter. Ils déplorent notamment que les instances officielles et le Conseil de l'Ordre des Médecins ne soient pas plus sévères et que, se cantonnant souvent dans une critique stérile, ceux-ci ne cherchent pas vraiment à faire cesser ces initiatives marginales qui fleurissent ici et là. Initiatives marginales?

Citons ces petites annonces où l'on propose de guérir par correspondance selon des méthodes «naturelles»; ces livres peu sérieux qui réinventent des médecines venues d'ailleurs qui font souvent références à des philosophies «anciennes» aux origines difficilement contrôlables; ces enseignements fantaisistes auxquels nous faisions allusion dans les lignes qui précèdent; ces boutiques et ces rayons de super-marché qui s'ouvrent un peu partout et qui, sous prétexte de proposer des produits «de la nature» ne vous proposent bien souvent que de la mauvaise thérapeutique au rabais.

A Paris, pour citer un exemple précis, une boutique spécialisée dans la vente d'herbes qualifiées de médicinales (le sont-elles toutes vraiment?) s'est même adjoint le secours d'un ordinateur qui, en fonction de votre affection, vous délivre une sorte «d'ordonnance-type» destinée, bien entendu, à vous faire acheter sur place les plantes correspondantes! Les horoscopes et autres prédictions d'avenir, vendus sur les Champs-Elysées et dans des galeries commerciales de Province par l'intermédiaire d'une machine ne procèdent pas d'un autre système...

Mais, encore une fois, les vrais médecins phytothérapeutes sont les premiers à regretter ce genre d'agissements qui donnent une image peu sérieuse de l'authentique médecine par les plantes. Mais au lieu de leur reprocher cet état de choses — c'est actuellement ce qui se passe — les autorités officielles et le Conseil de l'Ordre, c'est leur rôle, ne feraient-ils pas mieux de prendre des dispositions et des mesures sévères pour que tout cela cesse? En tout cas, l'argument qui consiste à prendre prétexte de toutes ces initiatives marginales pour ne pas reconnaître officiellement la phytothérapie est tout à fait contraire au bon sens et à l'efficacité. C'est au contraire en reconnaissant la phytothérapie comme faisant partie de la médecine globale que celle-ci, précisément, se distinguerait de toutes ces entreprises pour le moins douteuses. Le grand public, alors, pourrait faire la différence et non plus, comme c'est le cas actuellement, «mettre tout le monde dans le même sac». Au lieu de cela, on arrive à ce paradoxe scandaleux qu'un escroc peut fort bien, même s'il n'est pas médecin, inscrire sur une plaque «phytothérapeute» (il risque, certes, une amende, mais pas avant qu'un éventuel patient ait porté plainte) alors qu'un vrai médecin généraliste qui aura une profonde connaissance des plantes médicinales se verra interdire de faire références à la phytothérapie!

Au demeurant, les vrais médecins-phytothérapeutes ne prétendent pas que leur discipline est supérieure à l'allopathie, qu'elle doit la supplanter dans l'avenir et que l'on peut tout guérir par la phytothérapie. Le docteur Moatti l'a clairement exprimé dans la deuxième partie de cet ouvrage : le vrai médecin est d'abord celui qui établit le diagnostic juste et qui, l'ayant établi, détermine quelle forme de médecine conviendra le mieux à son patient, qu'il s'agisse d'allopathie, de phytothérapie ou de toute autre forme de médecine sérieuse aux résultats scientifiquement reconnus.

En demandant à ce qu'un diplôme officiel existe bientôt, en demandant à ce que la phytothérapie soit officiellement reconnue, les médecins-phytothérapeutes ne demandent rien d'autre que de faire partie de la médecine, la vraie médecine, qui, comme la République, est en quelque sorte une et indivisible. Médecine vieille comme le monde, médecine de demain, la phytothérapie, en fait, n'exige surtout pas qu'on la considère comme une médecine différente. Elle ne cherche, au contraire, qu'à entrer dans la grande famille officielle «des médecines comme les autres».

Un vœu qui n'a certainement rien d'utopique, malgré les réticences du Conseil de l'Ordre des Médecins, réticences qui commencent d'ailleurs à s'atténuer et qui finiront, un jour ou l'autre, par disparaître. On ne va pas contre le cours du temps. Et, surtout, on ne va pas contre des données scientifiques sérieuses. Or, l'existence de principes actifs aux effets thérapeutiques certains dans les plantes médicinales, ne peut pas être valablement contestée. A partir de là, l'efficacité scientifique de la phytothérapie ayant été prouvée, il faudra bien que la reconnaissance officielle suive. Encore un peu de patience...

IMPRESSION : BUSSIÈRE S.A., SAINT-AMAND (CHER). N° 3086.
D.L. FÉVRIER 1985/0099/12
ISBN 2-501-00638-0
Imprimé en France

Questionnaire concernant la phytothérapie et les médecines naturelles

Avez-vous acheté le «Guide des plantes-médicaments» :

1°) Parce que vous étiez déjà un adepte de la médecine par les plantes?

OUI NON

2°) Parce que, d'une manière générale, vous êtes intéressé par tout ce qui concerne les médecines naturelles?

OUI NON

3°) Seriez-vous intéressé par une liste de praticiens médecins-phytothérapeutes exerçant dans votre région?

OUI NON

4°) Connaissez-vous l'existence, aux Editions Marabout, de trois titres sur l'homéopathie : «Se soigner par l'homéopathie», «Le dictionnaire Marabout de l'homéopathie», «Soignez votre enfant par l'homéopathie»? (A signaler la parution, en 85, d'un «Guide des oligo-éléments»)

OUI NON

5°) Quelles autres disciplines de médecines naturelles souhaiteriez vous voir traiter par les Editions Marabout?

O L'auriculothérapie
O L'iridologie
O La magnétothérapie
O L'ostéopathie
O La mésothérapie
O La sympathicothérapie
O La thalassothérapie
O Le thermalisme

BULLETIN À RETOURNER À L'ASSOCIATION POUR LA DÉFENSE DES CONSOMMATEURS DE PLANTES MÉDICINALES, 19 RUE MILTON 75009 - PARIS — MERCI DE BIEN VOULOIR MENTIONNER VOS NOM ET ADRESSE SI VOUS DÉSIREZ QUE L'ASSOCIATION VOUS RÉPONDE

40 3676 0.